Rätsel der Pyramiden

ROBERTO GIACOBBO

Dieses Werk wurde bei Giunti Editore verlegt und basiert auf der populärwissenschaftlichen TV-Serie „The Atlases of Voyager" von Rai Due, produziert und präsentiert von dem Schriftsteller und Journalisten Roberto Giacobbo. Rai Trade, Giunti Editore und Allpart Media danken dem Autor und Kurator des Programms für die Genehmigung, das Material der TV-Serie in Buchform zu nutzen. Nachdrücklich dankt der Verlag auch Stefano Varanelli, Irene Bellini und Contenuti s.r.l.

Design und Redaktion:
Pier Paolo Puxedda unter Mitarbeit von Francesca Vitale

Bildnachweis:
Archiv Giunti, Florenz; Archiv Voyager; Corbis; Lessing/Contrasto; mit freundlicher Genehmigung von National Geographic; Satellitenfotos: NASA, J. Descloitres, MODIS Land Science Team.
3-D-Grafik der Cheops-Pyramide: Massimo My.

Der Verlag hat die Bildquellen gründlich recherchiert. Er bittet darum, eventuelle Ansprüche auf Bildrechte anzumelden.

Umschlaggestaltung:
Arnold & Domnick, Heinrichstr. 3, 04317 Leipzig

Producing der deutschen Ausgabe:
Thema media GmbH & Co. KG, Zeppelinstr. 43, 81669 München
unter Mitarbeit von Gabriele und Holger Wenzel (Übersetzung),
Claus Hilschmann (Redaktion), Andreas Himmighoffen (Satz),
Claus Hilschmann (Projektleitung)

Druck:
Salzland Druck GmbH & Co. KG, Löbnitzer Weg 10, 39418 Staßfurt

ISBN: 978-3-86214-006-0

Rätsel der Pyramiden

ROBERTO GIACOBBO

ALLPART MEDIA

Ein Staat, entstanden in der Wüste, an den fruchtbaren Ufern eines segensreichen Flusses. Für Ägypten ist der Nil mehr noch als ein Fluss: ein Wunder, ohne das seine Entwicklung nicht möglich gewesen wäre.

INHALT

10 Die Geschichte

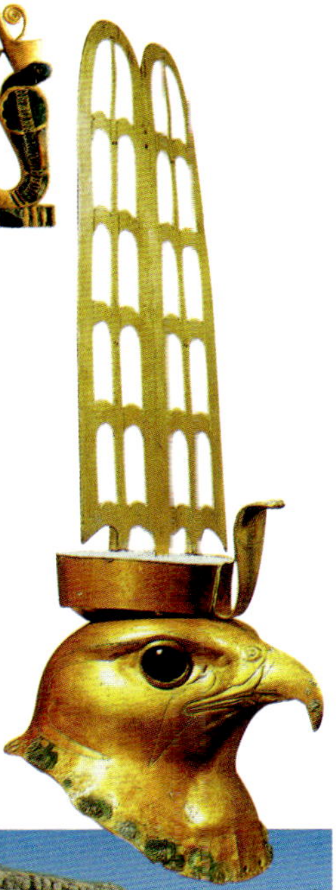

66 Das Geheimnis

112 Die Reise

Götter • Gräber • Totenkult

Als „Land der Mysterien" galt Ägypten bereits den Griechen und Römern. Und bis heute sind die Geheimnisse dieser Hochkultur am Nil lange noch nicht gelöst. Neben den gewaltigen Tempel- und den unterirdischen Grabanlagen der Pharaonen sind es die Pyramiden, die unser besonderes Interesse wecken und mit denen das Alte Reich seinen glanzvollen Höhepunkt erreicht. Die „Urhügel", die das Königsgrab bekrönten und als Abbild des Weltgebäudes galten, sollten den Pharao zum Himmel „aufsteigen und zum unvergänglichen Lichtgeist werden lassen", wie die Schutzzauber- und Beschwörungsformeln der Pyramidentexte besagen.

- Die Pyramiden: Wann wurden sie errichtet, wie und warum?
- Existiert eine Verbindung zwischen den Pyramiden und den Sternen?
- Welches Geheimnis umgibt Königin Hatschepsut?
- Wo befindet sich das Grab des Cheops?
- Gibt es eine Verbindung zwischen den Pyramiden und Atlantis, der sagenumwobenen Insel?
- Existiert ein zweiter Sphinx?

Bevor wir in die Vergangenheit eintauchen, sollten wir zunächst die historischen Fakten kennenlernen, ohne deren Kenntnis keine echte Forschung möglich ist. Ein Besuch im alten Ägypten ist enorm eindrucksvoll: Hier dringen wir zum Ursprung der Geschichte vor, reisen zu erhabenen Monumenten, lernen die großen Pharaonen kennen, durchqueren den endlosen Sand der Wüste und die blühenden Landschaften am majestätischen Nil.

Die Geschichte

Das Geheimnis

Die Geschichte

„Soldaten, von der Höhe dieser Pyramiden blicken 40 Jahrhunderte auf euch herab!"

NAPOLEON BONAPARTE

Napoleon Bonaparte während des Ägyptenfeldzugs (1798) in der Ebene von Giza zu seinen Truppen vor Beginn der Schlacht gegen die Mamelucken.

Das alte Ägypten, dreitausend ruhmreiche Jahre

Wächter aus Stein
Das geheimnisvolle Antlitz des Sphinx von Giza, wie es Napoleons Soldaten erschien. Der Körper war fast vollständig von Sand bedeckt, doch allein der mächtige Kopf war sehr imposant.

Es ist keineswegs sicher, ob **Napoleon** den Satz tatsächlich gesagt hat, der auf der vorhergehenden Seite zu lesen ist. Vielleicht hat er ihn auch erst während seines Exils auf St. Helena erfunden.

Aber jedenfalls konnten er und seine Soldaten sich rühmen, die Pyramiden gesehen zu haben. Das konnten am Ende des 18. Jhs. nicht viele Europäer. Für uns jedoch, die wir in einer Informationsgesellschaft leben, ist das wesentlich einfacher. Wir begegnen den Pyramiden in fast jeder Buchhandlung und jedem Zeitschriftenladen. Und wenn nicht dort, dann eben in Film, Fernsehen oder im Internet.

Stellen wir uns also **die Gefühle der Soldaten** vor, als sie den **gigantischen Monumenten** von Angesicht zu Angesicht gegenüberstanden, von denen sie vorher schon viel gehört hatten.

Vielleicht fragten sie sich, wer das Volk gewesen ist, das solch imposante Werke errichtet hatte, und von welcher Art seine Herrscher waren. Und Napoleon dachte wahrscheinlich über die Sinnlosigkeit menschlichen Strebens nach. Das antike Ägypten war schon lange untergegangen, und auch die Pyramiden hatten ihre Bedeutung verloren. Dennoch – dieses Reich hatte dreitausend Jahre gedauert: **eine unvorstellbar lange Zeit**. Und es waren dreitausend Jahre voller Pracht gewesen. Davon wollen wir jetzt erzählen.

Wasser und Wüste

Geschenk des Nils
Auf der gegenüberliegenden Seite sehen wir ein Satellitenbild Ägyptens mit der grünen, blühenden Zone, die sich den Nil entlangzieht.
Unten: Die Doppelstatue des Pharaos Amenemhet III. als Nilgott mit den vielfältigen Produkten des Flusses.

Stellen wir uns vor, etwas zu machen, was den alten Ägyptern unmöglich war: fliegen. Was würden wir sehen, wenn wir Ägypten in großer Höhe überfliegen würden? Eine dünne blaue Linie, den **Nil**, der sich Kilometer um Kilometer bis zum Meer windet. An beiden Seiten schmale Streifen kultivierten Landes, fruchtbar gemacht durch den Schlamm, den der Nil angeschwemmt hat. Außerhalb dieses Streifens nur unendliche, lebensfeindliche Wüste. Dieses Bild ist seit Tausenden von Jahren gleich geblieben.

Dieses Panorama erklärt viele Besonderheiten Altägyptens. Die Geografie unterstützte die Herausbildung einer einheitlichen Kultur, wobei die Wüste eine natürliche Grenze bildete und Schutz vor Invasionen bot. Die planmäßige Nutzung der Nilüberschwemmungen zur Befruchtung der Felder erforderte eine zentralistische Verwaltung. Der Fluss als Verkehrsweg ermöglichte schließlich die Kontrolle über einen ausgedehnten Territorialstaat, während in anderen Gebieten der Erde nur Stadtstaaten entstanden waren.

Ein geeintes Königreich

Durch seine isolierte Lage konnte Ägypten eine eigenständige Kultur entwickeln, die sich deutlich von angrenzenden Ländern abhob. Richten wir unseren Blick weiter nach Osten, auf den fruchtbaren Halbmond zwischen **Euphrat** und **Tigris**, dann sehen wir auch dort hoch entwickelte Gesellschaften, wie zum Beispiel die der **Sumerer**. Doch handelt es sich stets um Stadtstaaten, oder Bündnisse von Stadtstaaten, nicht aber um echte Nationen. Ägypten hingegen war schon damals ein geeintes Königreich. Ein Unterschied, der den Ägyptern selbst sehr wohl bewusst war. Das erklärt auch die Aufmerksamkeit, die dem Kult **des Pharao** gewidmet wurde, der Person, die ganz besonders die Einheit des Reiches verkörpert.

ALEXANDRIA
Buto
Sebennytos
Busiris
Sais
TANIS
Pelusium
Naukratisi
UNTERÄGYPTEN
Sile
BUBASTIS
Athribis
Tell el-Jahudija
Heliopolis
Giza
MEMPHIS
SINAI
Saqqara
Fajjum
Kahun
Herakleopolis
Gurob
Golf von Suez
Golf von Akaba
El-Hibe
Beni Hasan
MITTEL ÄGYPTEN
Hermupolis
Antinooupolis
Tuna el-Gebel
TELL EL-AMARNA
ARABISCHE WÜSTE
Qusae
Meir
Assiut
LIBYSCHE WÜSTE
Achmim
ROTES MEER
Dendara
Abydos
Koptos
Naqada
Deir el-Bahari
Medamud
Armant
THEBEN
Gebelein
et-Tôd
OBER ÄGYPTEN
Esna
Elkab
Hierakonpolis
Edfu
GEBEL ES-SILSILEH
Kom Ombo
Elephantire
Philae
Beit el-Wali
Gerf Hussein
Quban
Amada
ed-Derr
Aniba
Ellesije
Abu Simbel
Serre
0 25 50 75 100 km

Der erste Pharao

Das Ereignis, das am stärksten im Gedächtnis des ägyptischen Volkes verwurzelt war, ist **„die Vereinigung der beiden Länder"**. Ein legendärer Herrscher, der das Reich des Nordens mit dem Reich des Südens zu einem **Zentralstaat** vereinte, wurde als der **erste Pharao Ägyptens** angesehen. Dieses Ereignis soll etwa um **3000 v. Chr.** stattgefunden haben. Die griechischen Quellen, etwa 3000 Jahre später, nennen diesen Pharao Menes.

Ein Reichsgründer mit umstrittenem Namen

Nach **Manetho**, einem Priester des 3. Jhs. v. Chr., begründete Menes die 1. Dynastie, deren sieben Pharaonen 60 Jahre regierten. Er soll auch die Stadt **Memphis**, die lange Zeit die **Hauptstadt des Reiches** war, gegründet, sie mit einem Schutzwall umgeben und in ihrer Mitte den großen Tempel des **Ptah** errichtet haben. Außerdem schuf er angeblich eine **Gesetzessammlung**, die für ganz Ägypten Gültigkeit hatte. Das alles sollte seine Rolle als Staatsgründer unterstreichen. Und nach Meinung der griechischen Historiker soll er auch noch die **Hieroglyphenschrift** erfunden haben.

Die griechischen Quellen stimmen allerdings nicht mit altägyptischen Papyri überein, die einen König **Narmer** als ersten Pharao der 1. Dynastie auflisten.

Königskronen

Die Statuette links stellt einen König der 1. Dynastie dar mit der Weißen Krone von Oberägypten (das Gebiet im Süden) auf dem Kopf. Die Statue des Königs Mentuhotep II. aus der 11. Dynastie, rechts, trägt die Rote Krone Unterägyptens (das Gebiet im Norden, das Nildelta).

Die Prunkpalette des Narmer
Beide Seiten dieser Steinpalette zeigen den siegreichen König Narmer im Kampf gegen Feinde Ägyptens. Der König mit der oberägypti-schen Krone erschlägt auf der echten Seite einen Feind. Auf der ande-ren Seite (unten) rägt er die Rote Krone, während er gefallene Feinde nspiziert. Die beiden remdartigen Tiere mit ihren langen gebogenen Hälsen symbolisieren die beiden ehemals eindlichen, doch nun versöhnten Landesteile.

Menes oder Narmer?

Wer aber war Menes? Waren er und Narmer ein und dieselbe Person? Für einige Wissenschaftler war „Menes“ ein Name, den Narmer nach der Reichseinigung annahm. Für die meisten aber gilt er nur als **legendäre Figur**. Die Reichseinigung war in Wirklichkeit ein langwieriger Prozess, der von vielen aufeinanderfolgenden Herrschern vorangetrieben wurde.

Es ist eine alte Debatte in der **Ägyptologie**, die zu keinem befriedigenden Ende führen wird, wenn nicht neue Papyri gefunden werden. Nennen wir es das erste der **vielen Rätsel**, denen wir auf unserer Reise durch die ägyptische Geschichte begegnen werden.

Vereinigung der beiden Länder
Der Gott Seth (links, für Unterägypten) und der Gott Horus (für Oberägypten) binden die Pflanzen des Nordens (Papyrus) und des Südens (Lilie) um die Vereinigungs-Hieroglyphe.

Der Ritus der Thronbesteigung

Immer, wenn ein neuer Pharao den Thron bestieg, wurde in **einer speziellen Feier** an die Taten des mythischen Menes-Narmer erinnert. Zur **Zeremonie der Krönung** eines jeden Herrschers gehörten daher auch die symbolische „Vereinigung von Ober- und Unterägypten" und der „Umzug um die Mauer". Es handelte sich wohl um eine Zeremonie, in der der neue König seine Macht dadurch legitimierte, dass er **in einem langen Umzug** an der von Menes erbauten Mauer von Memphis entlangzog und so die Reichseinheit beschwor.

Zeremonialkeule
Rechts: Wahrscheinlich stiftete der Pharao diese Zeremonialkeule nach der Krönung an den Tempel, um seine Macht darzustellen. Auf dem Kopf der Keule des Narmer kann man ein Relief des thronenden Pharao sehen.

Pharao Wels

Die Schrift der alten Ägypter war sowohl **phonetisch** (das heißt, ein bestimmtes Zeichen korrespondiert mit einem Laut oder einer Lautfolge) als auch **ideografisch** (diese Zeichen stellen einen bestimmten Begriff oder Gegenstand dar und bezeichnen ihn auch). Die Schreibweise von Wörtern erinnert manchmal an einen **Rebus**. Das Bild unten kann das verdeutlichen. Es stellt den Namen des Königs Narmer dar, der von den Wissenschaftlern auch als **„Pharao Wels"** bezeichnet wird.

Wie kam es dazu? Betrachtet man das Bild aufmerksam, dann erkennt man, dass es aus zwei Zeichen besteht: Das obere zeigt einen Wels, das untere eine Art Meißel. In der Sprache der alten Ägypter hieß der Wels **Nar**, der Meißel **Mer**. Zusammen wird es als **Narmer** gelesen, also ähnlich wie ein Rebus.

Die ägyptische Schrift

DAS, WAS DIE ALTEN ÄGYPTER ALS „GOTTESWORTE" BEZEICHNETEN, NENNEN WIR HEUTE HIEROGLYPHEN (EIN GRIECHISCHES WORT, DAS „HEILIGE ZEICHEN" BEDEUTET). IN DER SPÄTZEIT EXISTIERTEN ÜBER 5000 HIEROGLYPHEN, DIE EIN ÄUSSERST KOMPLEXES SCHRIFTSYSTEM BILDETEN. BEI VERWALTUNGSAKTEN, BRIEFEN, LITERATUR UND MANCHEN RELIGIÖSEN TEXTEN VERWENDETEN DIE SCHREIBER ZUDEM EINE HIERATISCH (HEILIG) GENANNTE SCHNELLSCHRIFT, EINE ART KURSIVSCHRIFT. IM 7. JH. V. CHR. KAM EINE WEITERE SCHRIFT AUF: DEMOTISCH (VOLKSTÜMLICH), DIE ÄUSSERST SCHWER ZU ENTZIFFERN IST.

Das Schreibzeug
Die Hieroglyphe oben bedeutet „schreiben" oder „Schreiber" und zeigt ein Behältnis für Schreibfedern, den Beutel für Farbe und die Schreibpalette mit zwei Vertiefungen für rote und schwarze Tusche, die zum Schreiben benötigt wurden.

Der hockende Schreiber
Ägyptische Schreiber arbeiteten im Schneidersitz. Sie hielten die Papyrusrolle auf den Knien und schrieben mit dünnen Pinseln oder Schilfrohr-Stängeln, wie sie oben abgebildet sind.

BILD UND BEDEUTUNG
Die Tabelle rechts zeigt die 24 Hieroglyphen, die einen einfachen Lautwert haben – ähnlich unserem Alphabet. Man konnte sie in senkrechten oder waagerechten Zeilen in verschiedenen Richtungen schreiben. Blicken Menschen oder Tiere nach rechts, liest man den Text von rechts nach links – und umgekehrt.

HIEROGLYPHE	LAUTWERT	DARSTELLUNG
	a	Schmutzgeier
		Blütenrispe des Schilfrohrs
	a	Unterarm
	u/w	Wachtelküken
	b	Fuß und Unterschenkel
	p	Hocker
	f	Hornviper
	m	Schleiereule
	n	Wasserlinie, Welle
	r	Mund
	h	Hofmauer
	h	gedrehter Docht
	ch	evtl. Korb von oben
	ch	Bauch mit Zitzen und Säugetierschwanz
	s (stimmhaft)	Riegel
	s (stimmlos)	gefalteter Stoff
	sch	Teich
	q	Sandhügel
	k	Schale mit Griff
	g	Gefäßuntersatz
	t	Brot
	t (tsch)	Tierfessel
	d	Hand
	d (tsch)	sprungbereite Kobra

Die Bevölkerungspyramide

König und Gott
Der Pharao war die oberste religiöse Autorität, alle Priester waren ihm unterstellt.

Wie für alle antiken Gesellschaften war auch für Ägypten die **Landwirtschaft** Lebensgrundlage, aber mit einer wichtigen Besonderheit: den **jährlichen Überschwemmungen des Nils**. Der Bau von Kanälen, um das Überschwemmungswasser zu nutzen und zu regulieren, erforderte gemeinschaftlich organisierte Arbeit.

Die absolute Macht des Pharao

Der Nil bewirkte nicht nur die sprichwörtliche **Fruchtbarkeit des Landes**, sondern förderte durch die Notwendigkeit seiner Regulierung die Entstehung einer zentralen Organisation. Alle Macht war in der Person des **Pharao** gebündelt, dem **Stellvertreter der Götter auf Erden**.

Vom königlichen Palast (Per-aa, davon leitet sich das Wort Pharao ab) verwaltete er das Land mittels seiner **Beamten**, die auch „Augen und Ohren" des Königs genannt wurden. Die einzige Grenze seiner Autorität setzte das göttliche Ideal der Wahrheit und Gerechtigkeit (genannt Maat), dem sich auch der Pharao fügen musste.

Das höchste Amt
Der Wesir war der allerhöchste Würdenträger; er war mit der Eintreibung der Steuern und auch mit der Rechtsprechung beauftragt. Die Büste unten zeigt solch einen hohen Beamten der 27. Dynastie.

Schreiber und Priester

„Der **Schreiber** ist derjenige, der befiehlt", sagt eine altägyptische Redewendung, und tatsächlich spielten diese Staatsdiener eine äußerst wichtige Rolle. Sie **führten Buch** über das den Bauern anvertraute Land, **kontrollierten** die Ernten, **berechneten** die Steuern und **registrierten** die in den königlichen Magazinen gespeicherten Güter. Für diese Aufgabe mussten sie gründliche Kenntnisse der Hieroglyphenschrift, des Rechnens und der Geometrie erwerben. In der so stark von Religion bestimmten ägyptischen Gesellschaft hatten **Priester** eine herausragende Stellung. Es war eine große Anzahl von Priestern nötig, die in den zahlreichen Tempeln beständig den Kult der Götter bedienen mussten, um dadurch den Wohlstand des Landes zu erhalten.

Die Priester wurden dafür vom Pharao mit reichen Ländereien versorgt. Neben religiösen und richterlichen Pflichten beschäftigten sie sich auch mit **wissenschaftlichen Studien** und der **Astronomie**.

Im Schutz einer Gottheit

Der Gott der Schrift war Thot, der in Gestalt eines Pavians dargestellt werden konnte. Er hatte die Hieroglyphen erfunden und das Wissen an die Schreiber weitergegeben, die vor Beginn ihrer Arbeit Gebete an ihn richteten.

Der Wohnsitz der Götter
Im Sanktuar des Horus-Tempels von Edfu stand das Kultbild des Gottes. Außer dem Pharao und den Oberpriestern durfte niemand diesen Raum betreten. Die Gläubigen opferten und beteten im Hof davor. Links: Der goldene Kopfaufsatz einer Statuette des falkenköpfigen Gottes Horus. Rechts: Die Holzstatue des Vorlesepriesters Kaaper.

Das Militär und der Krieg

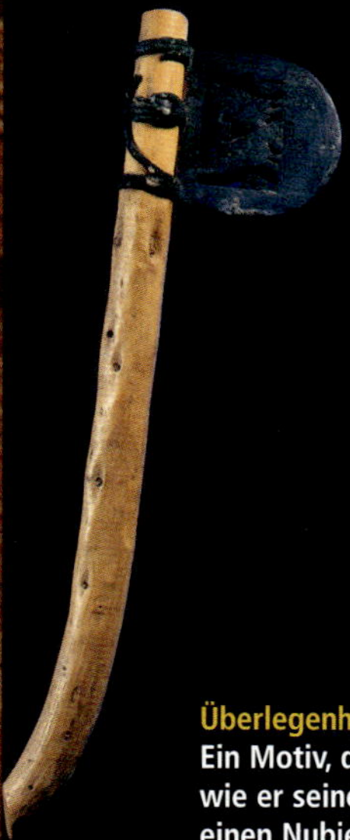

Einfache Soldaten besaßen in Ägypten ein geringeres Ansehen als Beamte und Priester. Vielleicht auch deshalb, weil in dem durch die Wüste geschützten Ägypten kaum eine äußere Bedrohung bestand. Außer in den ersten Dynastien dienten im Heer hauptsächlich **ausländische Söldner**, nur die Offiziere waren ägyptischer Herkunft. Erst im Neuen Reich wurde das Heer zu einer ständigen Einrichtung. Jetzt unterstanden die gut organisierten Abteilungen direkt dem Pharao als oberstem Feldherrn.

Überlegenheit über den Feind
Ein Motiv, das sehr häufig dargestellt ist, zeigt den König, wie er seine Feinde besiegt. Rechte Seite: Ramses II., der einen Nubier am Schopf packt und niederschlägt. Links unten: Das Fußende eines Sarges; zwei besiegte und gefesselte Feinde liegen unter den Füße des Verstorbenen – damit hat er auch im Jenseits Macht über alle ihm feindlich gesinnten Wesen.

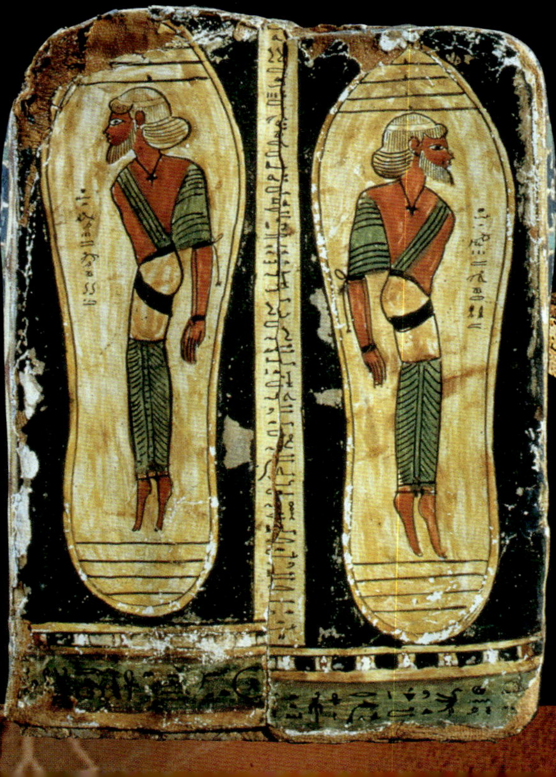

Marschordnung
Das Holzmodell zeigt eine aufmarschierende Soldatentruppe in typischer Bewaffnung: Lanzen und große, mit Tierfellen bespannte Schilde. Es stammt aus dem Grab des Gaufürsten Mesehti in Assiut (ca. 2000 v. Chr.).

Waffen
Oben rechts: Ein Feuersteinmesser mit einem kostbaren Elfenbeingriff. Linke Seite außen: Eine Streitaxt, auf deren Metallklinge der Gott Horus als Falke dargestellt ist. Mit solchen Prunkwaffen wurden auch verdiente Soldaten ausgezeichnet.

Bauern und Handwerker

Bei der Arbeit
Sennedjem war ein wohlhabender Handwerker, der sich ein prächtig bemaltes Grab leisten konnte.

Auf der untersten Eben der sozialen Pyramide stand natürlich die große Masse der **Bauern**. Nach traditionellen Erzählungen wurden Bauern stets von den Steuerbeamten ausgepresst und mussten hohe Abgaben leisten. Tatsächlich konnten sie meist **nicht frei über ihre Erträge verfügen**, da sich das Land, das sie bewirtschafteten, fast immer im Besitz des Königs, eines Tempels oder eines hohen Beamten befand. Es gab aber auch Bauern, die einen kleinen Grundbesitz und Haustiere wie Enten, Gänse und Ziegen besaßen.

Reiche und arme Handwerker

Schließlich gab es die Stadtbewohner, überwiegend **Handwerker**, **Arbeiter und Händler**. Vor allem bei den Handwerkern lassen sich große soziale Unterschiede feststellen, je nach Handwerk und nach Rangstufe. In den großen Werkstätten der Tempel und des Königshauses gab es einfache Handwerken, Aufseher und Vorsteher. Besonders geschätzt wurden Bildhauer und Maler, da sie Tempel und Gräber ausschmückten.

Handwerker des Königs
Sennedjem war ein wohlhabender Handwerker, der sich ein prächtig bemaltes Grab leisten konnte. Hier erscheint er mit seiner Gattin Iineferti.

Zu Tisch im alten Ägypten

Fischfang
Der fischreiche Nil wurde von Schiffen und Booten aus mit Netzen, im Schilfdickicht auch mit Harpunen abgefischt.

Die wichtigste Ackerfrucht war **Getreide**, denn die Ägypter aßen viel **Brot**, gebacken als Fladen oder auch als dünne spitze Kegel. Dazu kamen Zwiebeln und **Bier**. Für wohlhabendere Menschen, oder bei Festen, gab es Suppen, Rindfleisch, Geflügel, als besondere Spezialität **gebratene Gänse** und Fisch. Dazu wurde Wein gereicht und verschiedene Früchte, zumeist Datteln und Feigen.

Bäcker und Brauer
Die Getreidesorten waren Gerste, Emmer und Weizen. Unten: Das Modell einer Bäckerei und Brauerei zeigt mehrere Produktionsphasen: das Mahlen von Getreide, das Brotbacken in Tonformen und das Filtern des Bieres. In ägyptischen Gräbern fand man über 3000 Jahre alte Brote!

Die festliche Tafel

Bier war ein wichtiges Grundnahrungsmittel. Links: Die Statuette einer Frau bei der Endphase der Bierherstellung: Sie streicht einen Brei aus eingeweichtem Gerstenbrot, Datteln und Fermentationsmittel durch ein Sieb, die klare Flüssigkeit läuft in das Gefäß. Oben: Die Bankettszene zeigt ein sitzendes Paar vor einem Tisch, der beladen ist mit Gemüse, Brot, Fleisch und Früchten.

Auf dem Land

Oben: Bei der Weinlese. Wein war der Oberschicht vorbehalten. Die besten Weingüter gab es in den nördlichen Oasen, aber weit verbreitet war auch importierter Wein. Unten: Gänse wurden in den Sümpfen gefangen oder als Haustiere gezüchtet.

Die Bedeutung der Familie

Die Familie war für die Ägypter ganz besonders wichtig. Jeder Mann sollte, sobald er seine Ausbildung abgeschlossen hatte, heiraten und eine Familie gründen. Normalerweise bestand diese Familie nur aus Mann, Frau und Kindern, man lebte also nicht wie in vielen anderen Kulturen in einer Großfamilie. Die meisten Paare hatten zahlreiche Söhne und Töchter. Da jedoch die Kindersterblichkeit sehr hoch war, erlebten nur wenige das Erwachsenenalter. Der älteste Sohn übernahm später oft den Beruf des Vaters.
Gesellschaftlich war die Frau dem Mann relativ gleichgestellt; sie behielt zum Beispiel ihren Besitz auch nach der Heirat. Allerdings konnte sie nicht dieselben Berufe wie Männer ergreifen.

Im Jenseits vereint
In den Gräbern wurden Szenen des Alltagslebens abgebildet, die Familien auch im Jenseits vereint zeigen. Dieses Bild stammt aus dem Grab des Inherchau, Vorsteher der Handwerker in Deir el-Medineh.

Religion und Jenseits

Die Ägypter waren ein **äußerst religiöses Volk**. Sie verehrten viele Götter, denen sie großen Einfluss auf ihr tägliches Leben zuschrieben. Alle Götter konnten in verschiedenen Gestalten erscheinen: als Mensch, als Tier oder als Mischform aus Mensch mit Tierkopf. Damit sollten bestimmte Eigenschaften der Götter hervorgehoben werden.

Besonders interessant und vielfältig ist die Vorstellung der Ägypter vom Jenseits. Schon früh hatte sich der Glaube entwickelt, dass jedem menschlichen Wesen eine Seele innewohnt, die den sterblichen Körper überlebt. Darstellungen der Unterwelt können wir in vielen Gräbern und auf Papyri betrachten. Sie zeigen uns, dass der Seele auf ihrem Weg zahleiche Gefahren drohten. Außerdem wurde jeder Verstorbene vor ein Gericht unter Vorsitz des Gottes Osiris gestellt, in dem er über sein Leben Rechenschaft ablegen musste.

Vor dem Gott
Auf dem Weg in die Unterwelt war der Tote vielen Gefahren ausgesetzt, bevor er vor den Thron des Osiris gelangte (unten).

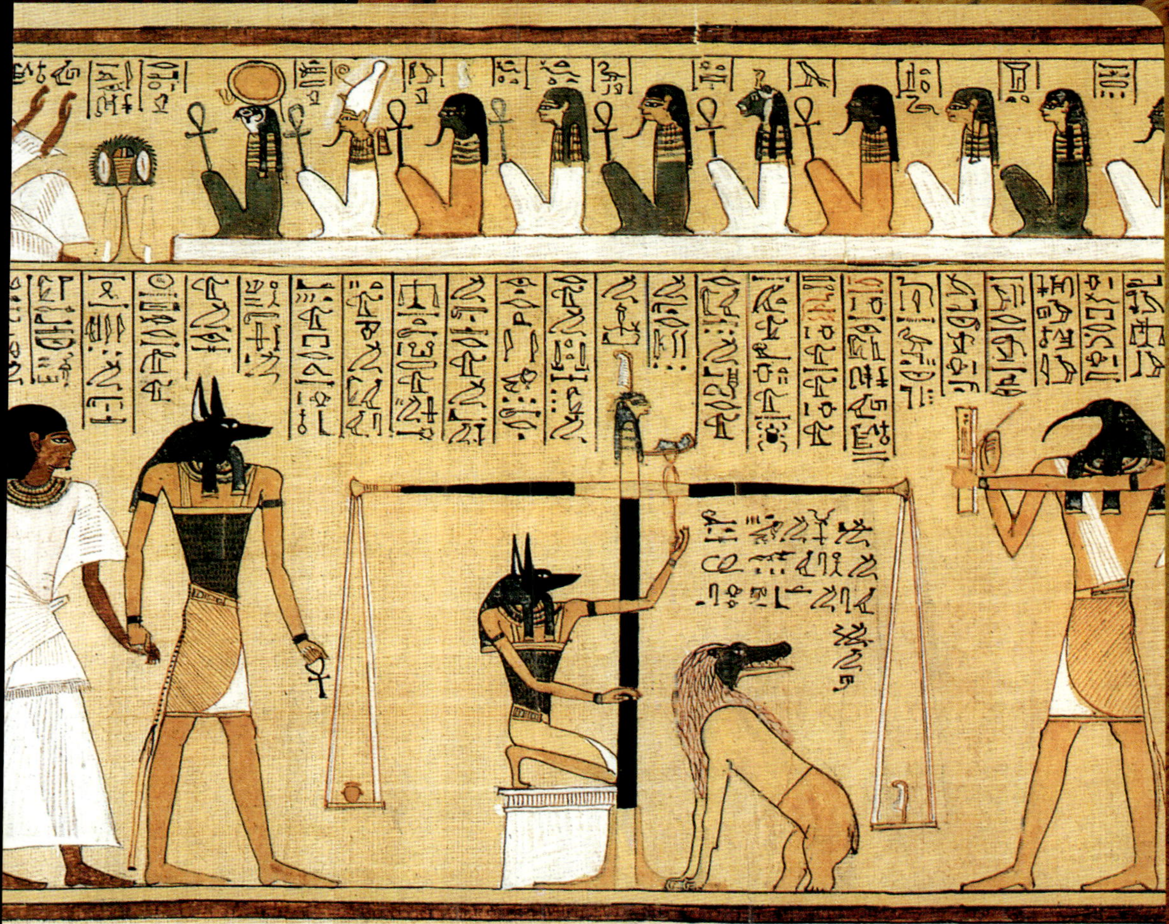

Die Waage
Der Verstorbene wurde von Anubis an der Hand herbeigeführt. Dieser Gott mit dem Kopf eines Schakals wog auch selbst ab, ob das Herz mit der Feder der Maat im Gleichgewicht war.

Das Urteil

Beim **Wiegen seines Herzens** zeigte sich, ob die Lebensweise des Verstorbenen richtig und gerecht gewesen war. Bei einem negativen Ergebnis wurde der Unglückselige zu ewigem Hunger und Durst verdammt, oder dazu, von einem grauenhaften Ungeheuer in Stücke gerissen zu werden. War das Urteil jedoch günstig, so **ging die Seele in die paradiesischen Iaru-Gefilde** ein, wo alles Lebensnotwendige stets zur Verfügung stand.

In der Nekropole
Vor der Bestattung wurden die letzten Riten an der Mumie durchgeführt.

Der Körper wird konserviert

Aus dem Jenseits
Der „Schatten" des Toten (Schut), dargestellt in einem Kapitel des Totenbuches.

Damit der Verstorbene in die jenseitige Welt eintreten konnte, sollte der irdische Körper für die Seele möglichst unversehrt zur Verfügung stehen.
Diese Vorstellung der alten Ägypter ist uns durch die eindrucksvollsten und eindringlichsten „Funde" überliefert, die **Mumien**. Anfangs wurde die Mumifizierung nur beim Pharao und seiner Familie durchgeführt, aber im Lauf der Zeit erstreckte sich diese Praxis auf **alle Teile der Bevölkerung**, die sie sich leisten konnten. Der Prozess der Mumifizierung, der im Grunde aus einer **Austrocknung der Weichteile des Körpers** besteht, erreichte in Ägypten ein Höchstmaß an Vollendung. Es war Sitte, den Körper zu konservieren und ihn mit Dingen des täglichen Gebrauchs zu umgeben, die dem Verstorbenen im **ewigen Leben** nützlich sein könnten. Das hat uns **vielfältige Informationen** über diese Gesellschaft verschafft, die sonst für immer verloren wären.

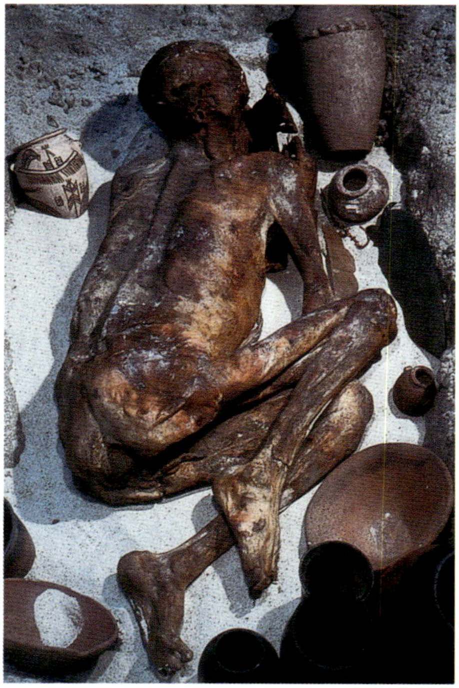

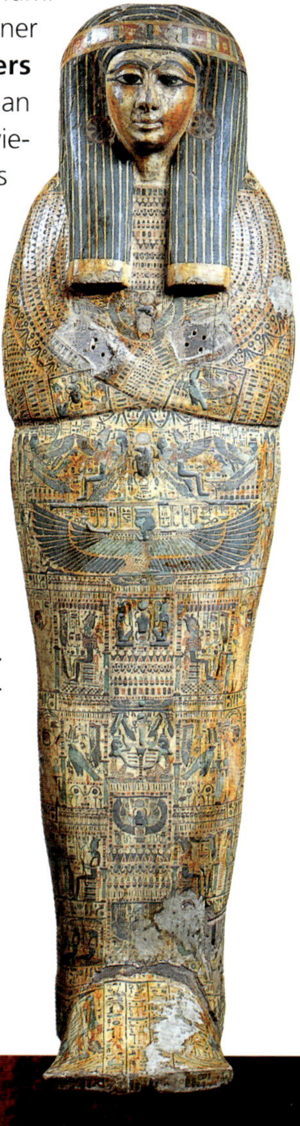

Für die Ewigkeit
Links: Ein einfaches Grab aus der prädynastischen Zeit. Der Körper hat sich durch natürliche Austrocknung erhalten und liegt inmitten seiner Grabausstattung. Rechts: Der bemalte Sarg einer Frau in Mumienform, wie er in der 22. Dynastie üblich war.

Ba und Ka

Für die Ägypter bestand die menschliche Seele aus mehreren Erscheinungsformen. Rechts: Der Ba, ein Falke mit menschlichem Kopf, verkörpert die Persönlichkeit. Unten: Der Ka, dargestellt mit zwei erhobenen Armen auf dem Kopf, versinnbildlicht die Lebenskraft.

Die Grabausstattung

IN DIE GRÄBER STELLTEN DIE ÄGYPTER ALLES, WAS DEM VERSTORBENEN IN SEINEM JENSEITIGEN LEBEN NÜTZLICH SEIN SOLLTE: VON DER KLEIDUNG BIS ZUM SCHMUCK, VON PARFÜM UND SCHMINKE BIS ZU SPIELEN UND MÖBELN. HINZU KAMEN NICHT ZULETZT MODELLFIGUREN VON DIENERN, SOLDATEN UND HANDWERKERN, DIE IHNEN IM GRAB EIN SORGENFREIES LEBEN SICHERN SOLLTEN.

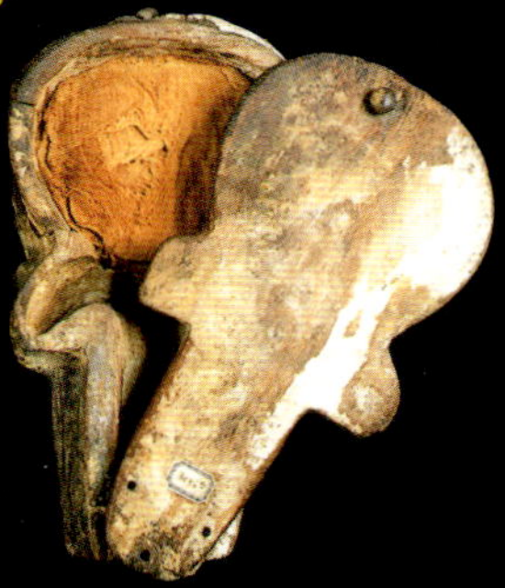

Schönheit und Eleganz
Oben links: Ein „Uschebti", das ist eine Dienerfigur für den Verstorbenen. Links: Ein Armband und ein Ohrring, filigraner Schmuck aus Gold und Halbedelsteinen. Oben: Ein Spiegel mit seinem Etui.

Kostbare Behälter
Auf der bemalten Truhe aus dem Grab des Tutanchamun sieht man den König in einer Kriegsszene. Oben: Ein flacher Behälter aus Elfenbein in Gestalt einer Ente, der zur Aufbewahrung von Salben oder Schminke diente.

Fahrten durch die Unterwelt
Die Schifffahrt war ein wesentlicher Bestandteil des ägyptischen Lebens. Der Verstorbene wurde daher auch für das Jenseits mit Schiffsmodellen aus Holz oder, wie hier, aus Gold und Silber versorgt.

Vielfarbiger Becher
Ein Glasbecher mit dem Namen Thutmosis' III. Die Technik der Glasbearbeitung wurde aus Nordsyrien übernommen und in Ägypten perfektioniert.

Lebensnah
Diese Figur einer Ente bot ein treues Abbild der Natur. Unten: Ein Spielstein aus Elfenbein in Form eines Turms mit angelegter Leiter.

Prunkvolle Möbel
Der faszinierende Thron Tutanchamuns ist vergoldet und mit farbigem Glas verziert.

Die Herstellung einer Mumie

Balsamierungsmesser
Bei der Mumifizierung verwendete man rituelle Geräte wie dieses gebogene Messer.

Wie wir bereits gesehen haben, glaubten die Ägypter, dass der Geist den Tod des Körpers überlebt. Aber damit dieser Geist, oder die Seele, im Jenseits weiterleben konnte, war es nötig, dass der irdische Körper so intakt wie möglich konserviert wurde. Daher die außergewöhnliche Entwicklung der Mumifizierungstechnik, einer Kunst, in der die Ägypter überragende Fertigkeit besaßen. Sehen wir sie uns einmal an.

1. Reinigung

Die erste Phase bestand aus der **Reinigung des Körpers**, wobei man auch sämtliche Körper- und Gesichtshaare entfernte. Für die weitere Prozedur waren verschiedene, sorgfältig ausgesuchte Instrumente nötig: Messer aus Feuerstein oder Obsidian und verschiedene Messer und Haken aus Metall.

2. Entfernung der Organe

Nach einem **Schnitt in die Bauchdecke** wurden dem Körper alle inneren Organe entnommen. Während des Mittleren und Neuen Reiches mumifizierte man **Magen**, **Darm**, **Leber** und **Lunge** separat und bewahrte sie in Gefäßen, sogenannten **Kanopen**, auf.
Nur die **Nieren** und das **Herz**, das als Sitz von Verstand und Gefühlen galt, wurden nach der Austrocknung **in den Körper** zurückgelegt. Auch die Eingeweide in den Kanopen wurden mit Natron dehydriert, um sie möglichst gut zu erhalten.
Das **Gehirn** wurde ebenfalls entfernt, und zwar durch die Nase oder das große Hinterhauptsloch. Mit einem spitzen Stab wurde die Naseninnenwand durchstoßen, und das Hirn floss selbstständig heraus. Es ist das einzige Organ, das **nicht konserviert** wurde.

Die Kanopen
Diese Gefäße, mit Deckeln in Form von Menschen- bzw. Tierköpfen, enthielten die mumifizierten Eingeweide des Toten und wurden in einem eigenen Kasten neben dem Sarg aufgestellt.

3. Trocknung

Der Körper wurde in trockenes **Natron** gelegt. Dieses Salz **absorbiert die Körperflüssigkeit**, nach 40 Tagen ist der Körper so ausgetrocknet, dass er nicht mehr verwest. Da diese **Behandlung** jeden Rest von Feuchtigkeit aus dem Körper entfernte, entzog sie den Bakterien den Nährboden.

4. „Verschönerung“

Wenn der Leichnam aus dem Salz herausgenommen war, wurde der Tote verschönert: Bauch- und Brusthöhle wurden mit in Harz getränkten Tüchern ausgestopft. Um die Haut geschmeidig zu machen, bestrich man sie mit verschiedenen wohlriechenden Ölen, Salben und Harzen. Die Augen wurden mit Kalkstein, Obsidian und Glas, manchmal mit Gips oder auch nur mit Zwiebeln, rekonstruiert.

Die nötigen Substanzen
Ganz oben: Natron, ein Salz aus Natriumkarbonat, Natriumhydrogenkarbonat, Natriumchlorid und Natriumsulfat. Oben: Verschiedene Amulette, die zwischen die Mumienbinden gelegt wurden.

Die Mumie Ramses' II.
Der einbalsamierte Körper des großen Pharao befindet sich im Museum von Kairo. Er ist über 3000 Jahre alt.

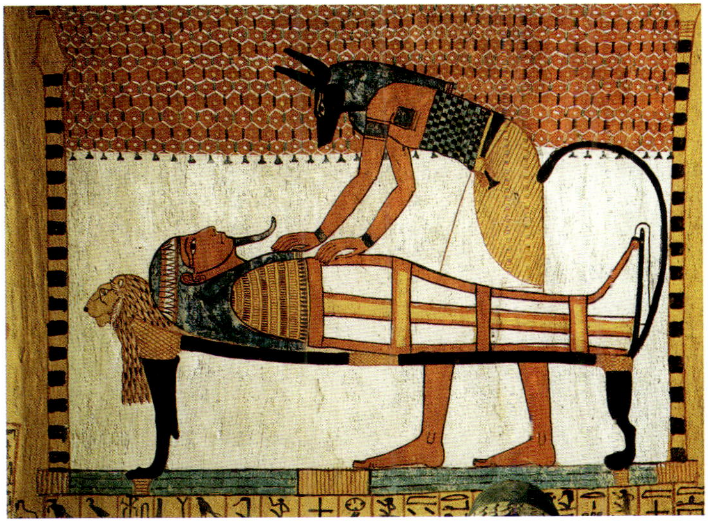

5. Mumienbinden

Am Schluss kamen die Mumienbinden. Zuerst wurden Finger und Zehen eingewickelt, dann die **Gliedmaßen** und schließlich **der Körper insgesamt**. Der Verstorbene wurde so zum Abbild des Osiris, des Herrn der Unterwelt. Zwischen die Binden wurden **Amulette** gelegt, während die Totenpriester **Ritualsprüche** vorlasen.

Diese umständliche Prozedur war natürlich die **langwierigste und teuerste Version**. Sie dauerte insgesamt **70 Tage**, war aber tatsächlich geeignet, den Körper mehrere Tausend Jahre zu konservieren. In den meisten Fällen wurde jedoch ein wesentlich schnelleres Verfahren angewendet. Dabei wurde der Unterleib schlicht mit Zedernöl gefüllt; nach einigen Tagen hatten sich die inneren Organe zersetzt, und man konnte sie einfach ausfließen lassen.

Die letzte Ruhe
Oben: Anubis, der schakalköpfige Gott der Mumifizierung, beugt sich über den balsamierten Leichnam. Unten: Zuletzt legte man den Toten in einen mumienförmigen Sarg.

Die Götterwelt

Die Ägypter verehrten eine Vielzahl von Göttern, von allmächtigen Universalgöttern über Toten- und Unterweltsgötter bis zu Lokalgottheiten. Ihre Bedeutung und ihr Erscheinungsbild wandelte und vermischte sich im Laufe der Zeit. Daher wirken ägyptische Mythen oft verwirrend auf uns und ganz anders als die griechische Mythologie. Für einen ersten Eindruck werden hier einige Götter vorgestellt:

Ra

Der **Sonnengott** und **Schöpfer des** gesamten **Universums**. Tagtäglich reiste er in einer Barke über den Himmel. Abends tauchte er am westlichen Horizont in die Unterwelt ein, die er nachts durchquerte; jeden Morgen erschien er aufs Neue am östlichen Horizont. Er wird meist als Mann mit Falkenkopf dargestellt. Sein wichtigster Kultort war die Stadt Heliopolis. Im Neuen Reich wurde er mit Amun zu Amun-Re verbunden, dessen bedeutendster Tempel in Theben lag.

Ptha

Neben Re und Amun der wichtigste der ägyptischen Götter im Neuen Reich; galt ebenfalls als **Schöpfer der Welt**. Er war der Schutzherr der Handwerker. Sein wichtigstes Kultzentrum war Memphis, sein heiliges Tier der Apis-Stier.

Apis

Dargestellt als **Stier** mit einem weißen Fleck auf der Stirn; galt als **lebende Verkörperung des Gottes Ptah**. Ein sorgfältig auserwählter Stier wurde tatsächlich im Tempel dieser Gottheit gehalten. Nach seinem Tod wurde er mumifiziert und im Serapeum, einem unterirdischen Mausoleum, bestattet. Das Serapeum wurde 1850 in Saqqara entdeckt und enthielt die Gräber von 24 Apis-Stieren, die in über drei Meter hohen Sarkophagen aus Stein ruhten.

Sachmet

Passend zu ihrem Namen **„die Mächtige“** erscheint sie meist als **Frau mit Löwenkopf**. Sie „speit Feuer gegen ihre Feinde“ und galt daher als Schützerin des Königs im Krieg. Sie brachte Krankheiten und Seuchen, konnte aber auch vor ihnen schützen.

Bastet

Ebenfalls Beschützerin des Pharao, zugleich auch **Göttin der Freude**. Anfangs erschien auch sie löwenköpfig, später mit dem Kopf einer **Katze** oder ganz als Katze.

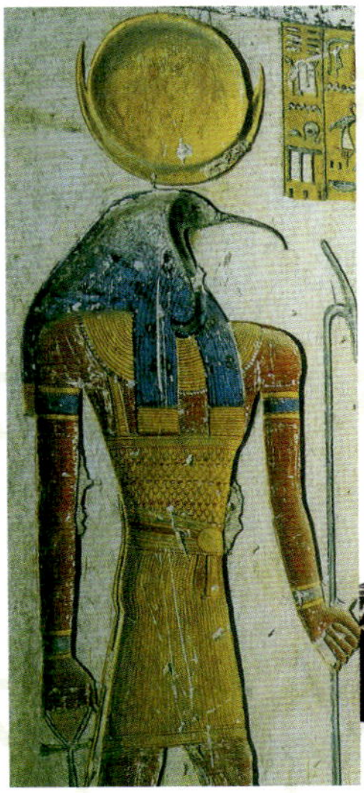

Thot

Abwechselnd dargestellt als **Ibis** oder Mann mit Ibiskopf, manchmal auch als Pavian. Als **Gott des Wissens** und Erfinder der **Schrift** galt er im Besonderen als Schutzgott der Schreiber. Als **Weiser** war er auch ein guter Rechtsgelehrter, der bei der Wägung des Herzens im Jenseitsgericht assistierte und das Ergebnis notierte.

Sobek

Ein Gott des Wassers und der **Fruchtbarkeit**. Er wurde als Krokodil oder als Mann mit dem Kopf dieses Tieres dargestellt.

Bes

Dieser grotesk anmutende Gott, ein Mischwesen aus einem Zwerg und einem Dämon, erfreute sich bei der ägyptischen Bevölkerung großer Beliebtheit und war vor allem für den **häuslichen Bereich** zuständig. Er **schützte das Haus** selbst, aber auch seine **Bewohner**, besonders aber **Kinder** und Frauen im Kindbett. Statuetten und Amulette von Bes sind daher äußerst häufig zu finden, und sein Bild ist auch an vielen Stühlen und Betten zu sehen.

Thoeris

Trotz ihres monsterhaften Aussehens – mit Körper und Kopf eines Nilpferds, Löwentatzen und Krokodilschwanz – galt diese Göttin als **Beschützerin schwangerer Frauen** und **kleiner Kinder**.

Alle Dynastien

Der ägyptische Priester Manetho verfasste im 3. Jh. v. Chr. eine Liste aller Könige sämtlicher Dynastien. Dieses gewaltige Geschichtswerk ermöglicht es heute, die Geschichte noch nach Tausenden Jahren zu rekonstruieren. Sein Buch wurde durch griechische Autoren überliefert

Frühzeit
ca. 3032–2707 v. Chr.

1. Dynastie
Menes-Narmer. Gründung von Memphis, der Reichshauptstadt.
2. Dynastie

Altes Reich
ca. 2707–2170 v. Chr.
3. Dynastie
Djoser, Bauherr der ersten Pyramide.
4. Dynastie
Cheops, Chephren und Mykerinos, Bauherren der Pyramiden von Giza.
5. Dynastie
6. Dynastie
7./8. Dynastie

Erste Zwischenzeit
ca. 2170–2020 v. Chr.

9.-11. Dynastie

Mittleres Reich
2020–1794/93 v. Chr.

11. Dynastie
12. Dynastie
Von den Ägyptern als Goldenes Zeitalter angesehen, Blütezeit der Literatur.

Die Geschichte Altägyptens wird in **Dynastien** eingeteilt, eine Praxis, die von den Ägyptern selbst eingeführt wurde. Eine Dynastie umfasst dabei den Zeitraum, in der Abkömmlinge ein und derselben Familie den Thron innehatten. Insgesamt sind es 30 ägyptische Dynastien, die anschließende zweite Perserherrschaft regierte nur vom Ausland aus. Dann folgte die Zeit der griechischen Herrschaft. Die Dynastien werden in **drei Hauptperioden** eingeteilt: das **Alte**, das **Mittlere** und das **Neue Reich**.

Ein gigantisches Porträt
Das Gesicht einer Kolossalstatue Ramses' II., des bedeutendsten Pharao der 19. Dynastie, im Museum von Memphis.

Zweite Zwischenzeit	**Neues Reich**	**Dritte Zwischenzeit**	**Spätzeit**	**Griechische Zeit**
1794/93–1550 v. Chr. **13.–17. Dynastie** Die sogenannten Hyksos dringen in Ägypten ein und erobern das Delta. Ägypten zerfällt in mehrere feindliche Kleinstaaten.	1550–1070/69 v. Chr. **18. Dynastie** Thutmosis I., Hatschepsut, Amenophis IV., genannt Echnaton, und Tutanchamun. **19. Dynastie** Sethos I., Ramses II. Krieg gegen die Hethiter. **20. Dynastie** Ramses III., Invasion der „Seevölker".	1070/69–714 v. Chr. **21.–25. Dynastie** Ägypten wird zuerst von Libyern, dann von Nubiern beherrscht.	714–332 v. Chr. **25.–31. Dynastie** Die Assyrer besiegen Ägypten und herrschen über 100 Jahre am Nil.	332–30 v. Chr. **Makedonische Dynastie** Alexander d. Große besiegt Ägypten. **Ptolemäische Dynastie** Die griechischstämmigen Ptolemäer regieren von Alexandria aus. Nach dem Tod Kleopatras VII. wird das Land römische Provinz.

Das Alte Reich

Das Alte Reich (ca. 2707–2170 v. Chr.) könnte man vielleicht als **kraftvollste Periode** bezeichnen. Mit der **3. Dynastie** (2707 bis 2639 v. Chr.) und vor allem mit Pharao **Djoser** erreichte Ägypten den ersten Höhepunkt seiner Macht. Das neue System der Bewässerung hatte Früchte getragen, und mit mehreren Ernten im Jahr wurde das Land zum **reichsten Staat** des Altertums.

Die Bevölkerung wuchs, und der Überfluss an Ernteerträgen erlaubte es, zahlreiche Arbeitskräfte aus der Landwirtschaft anderweitig einzusetzen. Genau in diese Zeit fällt dann auch die Errichtung der großen **Pyramiden**. Die erste war die des Djoser in **Saqqara**. Bei ihr handelt sich um einen **Stufenbau** auf noch rechteckiger Grundfläche, Pyramiden mit geraden Seitenflächen entstanden erst später.

Saqquara
Die Stufenpyramide des Djoser mit den Kapellen des Festhofes. Links: Die Statue des Königs im Museum von Kairo.

Echte Pyramiden

Die Pyramiden der **4. Dynastie** (2639–2504 v. Chr.) sind perfekte Bauwerke, die man auch heute noch in Giza bewundern kann. Über die Pharaonen, die sie errichten ließen, **Cheops, Chephren und Mykerinos**, weiß man allerdings nur wenig, und auch über die Pyramiden selbst ist noch nicht alles bekannt.

Waren sie auch **Machtsymbole** oder nur die **Begräbnisstätten** der Pharaonen? Letzteres zumindest ist eindeutig nachgewiesen, auch wenn es sogar heute noch von manchen bezweifelt wird.

Unterdessen ging die ruhmreiche Geschichte des Alten Reiches ihrem Ende zu. Mit der **6. Dynastie** (2347–2216 v. Chr.) scheint die landwirtschaftliche Produktivität dramatisch abgenommen zu haben, möglicherweise aufgrund eines **Klimawandels**. Die Bevölkerung durchlebte nach einer Zeit des Wohlstands **Hungersnöte,** und das Reich geriet in eine Phase der **Auflösung** und des **Chaos**, bekannt als **Erste Zwischenzeit** (2170–2020 v. Chr.).

Giza
Die großen Pyramiden auf dem Plateau von Giza, einer der berühmtesten archäologischen Stätten der Welt.

Das Mittlere Reich

Erst **2020 v. Chr.** gelang es einer Familie von Kleinkönigen aus der Stadt Theben, dem heutigen Luxor, die Ordnung wiederherzustellen und Ägypten von Neuem zu einen. **Theben** blieb anfangs die Hauptstadt des gesamten Reiches. Als Folge davon stieg **Amun**, der hier verehrte Gott, allmählich **zum wichtigsten Gott Ägyptens** auf. Aber auch der **Mythos von Osiris**, dem nach dem Tode wiederauferstandenen Gott, begann sich zu verbreiten. Die jetzt anbrechende Epoche wird als das **Mittlere Reich** (2020 bis 1794/93 v. Chr.) bezeichnet. Es war eine Zeit des neuerlichen Wohlstands, den die Pharaonen durch **militärische Unternehmungen** in **Nubien**, **Palästina** und **Syrien** noch zu vermehren und zu sichern wussten.

Der Gott Amun

Links: Eine Bronzestatuette des Gottes Amun, dargestellt als Mann mit einem Krummschwert in der Hand. Im Hintergrund: Eine Reihe von Sphingen mit Widderköpfen aus dem Tempel von Karnak zeigen den Gott Amun in seiner tierischen Erscheinungsform.

Streitwagen
Auf dieser Steinscherbe ist ein typischer Streitwagen mit Wagenlenker zu sehen.

Erstmals unter Fremdherrschaft

Die wiedererlangte Einigkeit dauerte nur zwei Jahrhunderte. Diesmal waren es nicht nur innenpolitische Probleme, die den Staat zusammenbrechen ließen, sondern das Auftreten neuer, **gefährlicher Feinde**, den **Hyksos** (wörtlich: „Herrscher der Fremdländer"). Zum ersten Mal erfuhren die Ägypter die Unterwerfung durch ein fremdes Volk.

Die Hyksos waren Westsemiten, die allmählich in Ägypten eingewandert waren, jetzt aber im Delta eine eigene Dynastie gründeten. Sie hatten eine übermächtige Waffe entwickelt, die den Ägyptern unbekannt war: den Streitwagen. Bei ihren Eroberungen drangen sie sogar bis nach Theben vor. Die Zeit ihrer Herrschaft wird **Zweite Zwischenzeit** (1794/93 – 1550 v. Chr.) genannt.

Der Osiris-Mythos

Der populärste ägyptische Mythos war der Osiris-Mythos. Er handelt vom Kampf des Guten gegen das Böse und erklärt die Entstehung des **Lebens nach dem Tod**.

Osiris war der **Gott der Vegetation und der Landwirtschaft**, der die Menschen die Kunst des Ackerbaus lehrte; oft wird er daher als Mann mit grüner Hautfarbe dargestellt. Segensreich regierte er Ägypten mit seiner **Gattin Isis**; von seinem **Bruder Seth** aber, dem Gott der Wüste, wurde er gehasst. Seth, der das Böse verkörpert, ermordete Osiris, um selbst auf den Thron zu gelangen.

Isis versteckte den Leichnam ihres Mannes, aber der unversöhnliche Seth ließ nicht ab, bis er das Versteck fand und den Körper des Osiris in 14 Stücke riss, die er über ganz Ägypten verteilte. Isis konnte sie erst nach langer Suche wiederfinden. Mithilfe von **Anubis**, dem Schutzgott der Friedhöfe, setzte sie den Leichnam wieder zusammen. Osiris erwachte zu neuem Leben – allerdings nur im **Reich der Unterwelt, wo er** über die Seelen der Verstorbenen Gericht hielt.

Anubis
Hier ist der Gott als liegender schwarzer Schakal dargestellt.

Der grüne Gott
Osiris auf seinem Thron erhält vom Pharao ein Opfer; hinter ihm die Göttin Isis mit geflügelten Armen.

Der ewige Kampf zwischen Gut und Böse

Osiris wurde von seinem **Sohn Horus** gerächt. Dieser zog aus, Seth zu besiegen und als rechtmäßiger Erbe des Osiris den Thron für sich zu gewinnen. Aus diesem Grund sahen sich **die Pharaonen** als **lebende Vertreter des Horus auf Erden** an; die verstorbenen Herrscher wurden mit Osiris gleichgesetzt.

Eine Abwandlung des Mythos ist im **Horus-Tempel von Edfu** dargestellt. Hier wird der alte und schwache Sonnengott Re von Seth und anderen Rebellen bedroht. Horus eilt ihm zu Hilfe und besiegt die Feinde, die er von Nubien bis zum Mittelmeer durch ganz Ägypten jagt. Der Sieg ist jedoch **nicht endgültig**, nach einiger Zeit bricht eine neue Rebellion aus. Der Grund dafür ist kosmischer Natur: Die Rebellion beginnt während der **Wintersonnwende**, wenn die Sonne am schwächsten ist, und wiederholt sich wie diese von Jahr zu Jahr. Zwar bleibt das Gute Sieger, es muss den Kampf gegen das Böse aber stets von Neuem aufnehmen.

Kindgötter
Zum Schutz von Kleinkindern wurden meist Kindgötter wie Horus, der Sohn der Isis, angerufen. Die Griechen nannten ihn Harpokrates (nach dem ägyptischen Namen „Horus das Kind").

Götterfamilie
Ein Anhänger aus Gold zeigt den Gott Osiris auf einem Pfeiler sitzend. Zu seiner Rechten steht sein Sohn Horus mit dem Kopf eines Falken und der Krone von Ober- und Unterägypten, zu seiner Linken seine Gattin Isis.

Der Beginn des Neuen Reichs

Zwischen 1560 und 1500 v. Chr. wurden die **Hyksos** in langwierigen und schweren Kämpfen vertrieben, und es bestieg wieder eine ägyptische Dynastie den Thron. Das **Neue Reich** (1550–1070/69 v. Chr.) war geboren, dessen Hauptstadt wieder Theben war. Dieser Periode entstammten viele der berühmtesten Pharaonen: Echnaton, Tutanchamun und die Königin Hatschepsut in der **18. Dynastie** (1550–1292 v. Chr.), Sethos I. und Ramses II. in der **19. Dynastie** (1292–1186 v. Chr.) sowie Ramses III. in der **20. Dynastie** (1186–1070/69 v. Chr.).

Unter den Königen der neuen Dynastie entstanden viele prächtige und monumentale Bauwerke wie die **Tempel von Luxor und Karnak** und die Gräber im **Tal der Könige** und im **Tal der Königinnen**. In diese Ära fällt auch eine religiöse Umwälzung: **Amenophis IV.** führte den **Kult des Sonnengottes Aton** als Glauben an **einen einzigen Gott** ein. Er verbot den Kult des Amun und schloss die Tempel der meisten anderen Götter. Selbst seinen Namen änderte er in **Echnaton** (Horizont des Aton) um und widmete sich während seiner gesamten Regierungszeit vor allem dem neuen Glauben. Natürlich stieß er damit auf den erbitterten **Widerstand der Priesterschaft**.

Glänzendes Gold
Oben: Die berühmte goldene Mumienmaske des Tutanchamun. Unten: Der Tempel des Amun von Karnak, vom Heiligen See aus gesehen.

Die Sonne des Königs

Oben: Die Büste dieser Kolossalstatue des Echnaton stammt aus einem Tempel in Karnak. Links: Der König mit seiner Gattin Nofretete beim Opfer an die Sonne Aton, deren Strahlen in kleinen Händen enden.

Eroberungen im Neuen Reich

Die Pharaonen unternahmen bald **Eroberungszüge** nach Vorderasien; dabei setzten sie Streitwagen mit **Bogenschützen** an die Spitze des Heeres. Ägypten stieg zur Weltmacht auf, seine Grenzen reichten vom südlichsten **Nubien** bis nach **Libyen** und Syrien, und es kontrollierte auch den gesamten Mittleren Orient bis zum Euphrat.

Doch schon **Sethos I.** sah sich mit den **Hethitern** konfrontiert, einem Volk indoeuropäischen Ursprungs, dessen Kernland in der heutigen Türkei lag und das Ägypten diese Vormachtstellung streitig machen wolle. Sein Sohn **Ramses II.**, der Bauherr des **Tempels von Abu Simbel**, führte sein Heer in die Schlacht von **Qadesch**, einer Stadt in Syrien, vor deren Mauern es zur Entscheidungsschlacht kam (die erste der Menschheitsgeschichte, von der genaue Berichte überliefert sind). Obwohl der Kampf mit einem Patt der beiden Mächte endete, ließ sich Ramses in Ägypten als Sieger feiern.

Die Schlacht
Eine syrische Festung wird mit Pfeilen angegriffen, abgeschossen von Ramses II., der auf seinem Streitwagen (rechte Seite) heranprescht.

Söldner für den König
Der Pharao verfügte über ein Heer, in dem viele ausländische Soldaten dienten, wie dieser Mann aus dem Volk der Schirdana.

Ein wichtiger Sieg

Hundert Jahre später verteidigte Ramses III. Ägypten gegen Eindringlinge, deren Identität heute noch nicht genau geklärt ist. Die **„Seevölker“**, wie sie von den Ägyptern bezeichnet wurden, gehörten verschiedenen Völkern an, von denen nur einige, so die Philister, identifiziert sind. Ramses III. konnte sie nach schwierigen Kämpfen besiegen, doch war es der Anfang vom Untergang des ägyptischen Reiches.

Die große königliche Gemahlin
Rechts: Ein Bild der Königin Nefertari, der Gattin Ramses' II. Unten: Der für sie errichtete kleine Tempel von Abu Simbel.

Der Untergang einer Macht

Um das Jahr 700 v. Chr. wurde Ägypten wieder von fremden Völkern angegriffen und erobert: zuerst die **Kuschiten**, dann die **Assyrer**, die **Babylonier** und später die **Perser**. Der letzte Pharao ägyptischer Herkunft war **Nektanebos II.** aus der **30. Dynastie** (380–342 v. Chr.). Danach wurde Ägypten eine Satrapie des persischen Imperiums und anschließend Teil des kurzlebigen Weltreichs Alexanders des Großen. Nach seinem Tod riss einer seiner Generäle, Ptolemaios, den ägyptischen Thron an sich. Seine Nachfolger, die **Ptolemäer**, regierten das Land fast 300 Jahre lang (304–30 v. Chr.).

Fremdherrscher
Oben: Der persische König Darius I. auf seinem Thron. Rechts: Das Oberteil einer Statue Ptolemaios' I. mit pharaonischer Kopfbedeckung, dem sogenannten „Nemes" mit Uräusschlange.

Kleopatra, die letzte Königin

Das Ägypten der Ptolemäer war nicht mehr das pharaonische Ägypten; seine Hauptstadt hieß jetzt Alexandria. Vorherrschend war die **griechisch-hellenistische Kultur**, auch wenn die alten religiösen Traditionen und Riten noch über einen langen Zeitraum beibehalten wurden. Auch das Ptolemäerreich ging schließlich unter – im Jahr 30 v. Chr. durch den Biss einer Viper. **Oktavian**, der spätere **Augustus**, eroberte Ägypten, das nun als Provinz dem **römischen Imperium** eingegliedert wurde. Mit dem Selbstmord der Königin Kleopatra VII. ging also eine Ära zu Ende, die vor **3000 Jahren** mit dem mythischen Pharao Menes begonnen hatte.

Kleopatra
Rechts: Die Königin, wie sie sich ein Maler des späten 19. Jhs. vorstellte. Unten: Eine zeitgenössische Statuette aus Basalt zeigt Kleopatra in ägyptischer Tracht. Im Hintergrund das „Mamisi" von Dendera aus der Zeit Kaiser Trajans.

Der Islam in Ägypten

Eroberung durch die Araber
Die Araber eroberten unter Kalif Omar im Jahr 642 n. Chr. Ägypten. Omar war einer der wichtigsten Kalifen für den Islam. Unten: Eine türkische Miniatur, die ihn während eines Besuchs zeigt.

Nach römischen und byzantinischen Kaisern blieb Ägypten auch für die anschließenden Jahrhunderte ein von Fremdherrschern regiertes Land. Im 7. Jh. n. Chr. drangen die **Araber** in Ägypten ein und gründeten eine neue Stadt am Nil: **Kairo**, bis heute die Landeshauptstadt. Die Bevölkerung, die schon sehr früh christianisiert worden war, ließ sich durch Steuerbefreiung dazu bewegen, in Massen zum **Islam** zu konvertieren. Ägypten erlebte auch jetzt noch Momente des Ruhmes, vor allem unter den **Fatimiden** und den **Ayyubiden des Saladin**.

In dieser Periode stieg die **Al-Azhar-Universität** in Kairo zu größter Bedeutung innerhalb der islamischen Welt auf.

Kairo

Die Hauptstadt Ägyptens. Im Licht der Dämmerung ragen die Minarette der Sultan-Hassan-Moschee in den Himmel. Unten: Die Pyramiden vom Nil aus gesehen in einer Illustration des 19. Jhs.

Die Wiederentdeckung

Ägyptomanie
Eine Vase der französischen Manufaktur Sèvres von 1811, bemalt mit einer ägyptischen Tempelkolonnade. Unten: Die Vermessung des Sphinx von Giza durch die Franzosen.

Die Ruinen des alten Ägypten waren jahrhundertelang **im Sand begraben**. Bis ein ehrgeiziger französischer General die Idee hatte, Ägypten zu erobern, das damals zum **Osmanischen Reich** gehörte – mit dem Ziel, die Handelsrouten des Erzfeindes England nach Indien zu unterbrechen. Die **napoleonische Expedition** war zwar militärisch ein Misserfolg, für die Künste aber ein Volltreffer. Auf Napoleons Betreiben hatte sich dem Heer eine große Gruppe von Wissenschaftlern – Orientalisten, Historiker, Botaniker, Mathematiker und Zeichner – angeschlossen, um das Land gründlich zu erforschen. Durch ihre Funde gelang dem genialen Sprachwissenschaftler **Champollion** die **Entzifferung der Hieroglyphen**, und europäische Künstler ließen sich durch ihre Zeichnungen zu einer neuen Ägyptenbegeisterung hinreißen, die sich auf weite Teile der Kunst und des Kunsthandwerks erstreckte.

Bald begannen systematische Ausgrabungen; zunächst nur, um Kunstobjekte für Museen zu finden, bald aber mit immer genaueren wissenschaftlichen Methoden. Die Arbeiten dauern kontinuierlich bis heute an, doch nur selten kommt es zu so **sensationellen Entdeckungen** wie dem Grab des **Tutanchamun** im Tal der Könige.

Ein Geheimnis wird entschlüsselt

Im Jahr 1799 wurde während der **napoleonischen Expedition nach Ägypten** beim Fort von Raschid (Rosette), an der Mündung des Nils ins Mittelmeer, das Fragment einer **Stele** entdeckt, die endlich den Weg zur **Entzifferung der Hieroglyphen** weisen sollte. Sie trägt einen eingravierten **Text in drei verschiedenen Versionen**: oben in **Hieroglyphen**, in der Mitte in **demotischer Schrift**, unten in **Griechisch**. Dem Kenner zahlreicher orientalischer Sprachen, **Jean-François Champollion**, gelang es, mithilfe des Griechischen auch die beiden anderen Schriften zu entziffern. Er hatte **14 Jahre** daran gearbeitet und legte mit seiner Entdeckung den Grundstein für die **Ägyptologie**.

Nachdem wir die Geschichte des alten Ägypten kennengelernt haben, werden wir nun versuchen, einige Geheimnisse zu ergründen, die mit der Arbeit und den Meisterwerken der alten Ägypter zu tun haben: ihre Vorstellung vom Leben nach dem Tod, ihre Kenntnis von den Sternen, ihre prachtvollen Grabbauten und natürlich die gigantischen Pyramiden mit ihren noch immer nicht ganz gelösten Rätseln. Davon und noch von vielem mehr handelt der zweite Teil dieses Buches.

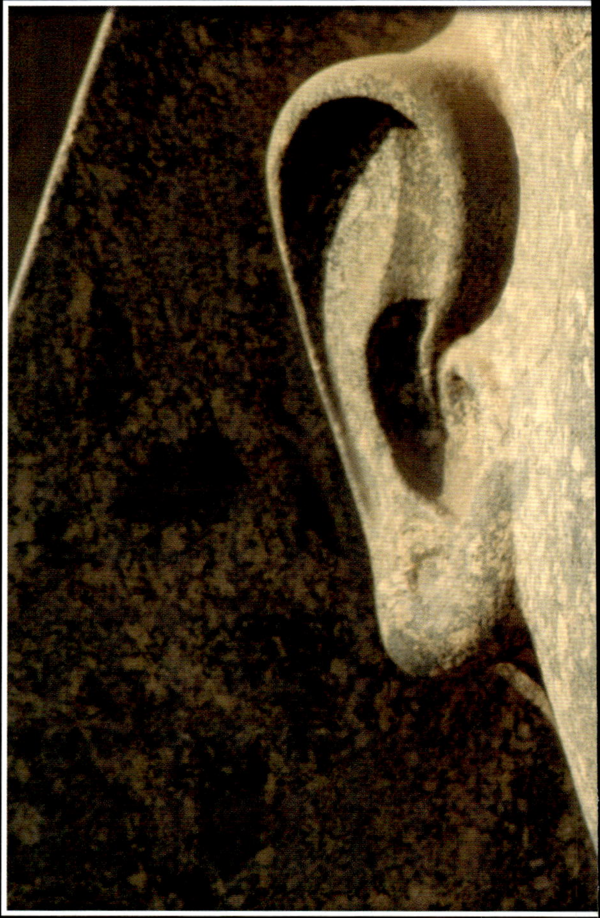

Die

Das
Geheimnis

Die
Reise

Das Geheimnis

„Als Moses diese Pyramiden sah, waren sie bereits 1000 Jahre alt. Hier nahm die Geschichte der Architektur ihren Anfang. Hier, in Ägypten, lernten die Menschen, die Zeit durch Kalender einzuteilen, den Lauf der Sterne mittels der Astronomie zu kartieren und mithilfe der Geometrie die Erde zu vermessen. Und hier entwickelte man die fantastischste aller Ideen – die Idee von der Ewigkeit."

WALTER CRONKITE
der amerikanische Journalist
in einer Reportage über Ägypten

Die Suche nach Geheimnissen

Das Giza-Plateau
Eine Ansicht der drei großen Pyramiden. Von links: Mykerinos, Chephren und Cheops. Unten: Die Statue des Pharao Chephren, hinter ihm der Gott Horus als Falke mit ausgebreiteten Schwingen, ein Symbol der göttlichen Macht des Königs.

Walter Cronkite, der „Vater der amerikanischen Fernsehnachrichten", von dem das Zitat stammt, hat recht. Die Ägypter entwickelten tatsächlich die **Idee von der Ewigkeit**. Eine Idee, die in den aus riesigen Kalksteinblöcken errichteten Pyramiden von Giza Realität wurde. Genau deshalb stehen die Pyramiden im Mittelpunkt des zweiten Teils unserer Reise. Wir werden auch über **die Geheimnisse** reden, die viele **in den Pyramiden sehen**.

Warum haben wir zu Beginn einen Journalisten zitiert? Weil wir uns auf die Grundlage des Journalismus stützen werden, nämlich die **Regel von den fünf W**. Bei der journalistischen Berichterstattung sind für den Leser fünf Dinge wichtig: **Was, Wo, Wann, Wer** und **Warum**. Das „Was" kennen wir schon: die Pyramiden. Auch das „Wo": das Plateau von Giza. Was wir noch nicht wissen ist: **Wann wurden sie gebaut? Wer hat sie gebaut? Und vor allem warum?** Man kann den fünf W sogar noch ein weiteres hinzufügen: **Wie?** Wir werden auch nach dem „Wie" fragen, also mit welcher Technologie solche riesigen Bauten errichtet werden konnten.

Die Pyramiden von Giza

Drei Pyramiden, gleich und doch völlig verschieden. Drei Pyramiden, um die sich zahlreiche Fragen, Rätsel und **viele Legenden** ranken. Drei Pyramiden, seit Jahrhunderten unter den Augen der Welt – und dennoch sind viele Fragen offen, gibt es **noch immer viel zu erforschen**.

Die Erbauer, **Cheops, Chephren** und **Mykerinos**, regierten während der **4. Dynastie**. Eine Dynastie, die **4600 Jahre zurückliegt** und die etwa 135 Jahre lang regierte. Über die Taten der Könige des Alten Reiches wissen wir nur wenig – sind es doch Ereignisse, die im 3. Jt. v. Chr. stattfanden. Etwas jedoch können wir auf jeden Fall festhalten: Die Pharaonen der 4. Dynastie waren unbestreitbar **die besten Pyramidenbauer** Ägyptens.

Pharao und Gott

Eine Statuengruppe, die Mykerinos mit der Weißen Krone Oberägyptens zwischen zwei Göttinnen zeigt. Rechts neben ihm steht Hathor, die seine Hand hält, links neben ihm die Göttin des 7. Gaus von Oberägypten.

Eindrucksvolle Bauwerke

Die Pyramiden der 3. Dynastie, zu denen die des Djoser in Saqqara gehört, wurden nur 50 Jahre vor denen von Giza errichtet. Dennoch haben sie **kaum etwas mit ihnen gemeinsam**, weder aus architektonischer noch in bautechnischer Sicht. Und auch sind die Pyramiden der 5. Dynastie wesentlich schlechter gebaut als die der 4. Dynastie.

In Ägypten existieren insgesamt etwa 100 Pyramiden. Sie alle haben unterschiedliche Eigenschaften und Maße. Am **produktivsten** war die **4. Dynastie**: In 135 Jahre entstanden acht Königs- und elf Nebenpyramiden, von denen allerdings nicht alle vollendet wurden. Man hat lange gerätselt, wie in so kurzer Zeit überhaupt so viele gigantische Bauten errichtet werden konnten. Doch mittlerweile weiß man, dass Herodots Aussage richtig ist: Für den **Bau der Cheops-Pyramide** mit ihren drei Königinnenpyramiden waren nur **20–25 Jahre** nötig. Die verbleibenden 110 Jahre der Dynastie reichten daher für die anderen sieben Königspyramiden aus.

Himmelwärts
Djoser war der erste Pharao, der sich ein Grab aus Stein anstatt aus leicht vergänglichen Lehmziegeln errichten ließ. Seine 62 Meter hohe Stufenpyramide sollte wahrscheinlich eine symbolische Treppe darstellen, über die der verstorbene König zum Himmel aufsteigen konnte.

Kleine und große Blöcke

An den Pyramiden der 3. Dynastie sehen wir noch **relativ kleine Steinblöcke** (30–50 cm hoch), deren Maße sich an den traditionellen Ziegelformen orientierten und die daher leicht zu transportieren waren. Wenige Jahre später, am Beginn der 4. Dynastie, setzte eine explosionsartige Entwicklung in der Technologie und Architektur der Pyramiden ein. Doch schon in der 5. Dynastie kehrte man zu kleinen und weniger stabil gebauten Pyramiden zurück. Woran liegt das?

Erklärungen gibt es viele. So weiß man, dass sich die Vorstellung vom Pharao als Gott-König in dieser Zeit stark veränderte. Außerdem büßte der König seit der 5. Dynastie durch Vergabe großer Ländereien an Tempel und Beamte seine überragende **wirtschaftliche Macht** ein. Doch reichen diese Gründe vielen Menschen nicht aus, sie suchen lieber nach geheimnisvollen, mystischen Erklärungen, von denen wir einige vorstellen werden.

Im heutigen Zeitalter von Technik und Maschinen ist es wirklich nur schwer vorstellbar, wie die Ägypter **nur mit Werkzeugen aus Stein und gehärtetem Kupfer** solche architektonischen Meisterleistungen vollbringen konnten.

Ein Gigant aus Stein

Die Pyramide des Cheops ist ein wahres Steingebirge, errichtet aus riesigen Kalksteinblöcken und Granit (für die Königskammer und die Entlastungskammern), die exakt rechteckig behauen sind. Archäologen haben berechnet, dass jeder der etwa 2,5 Millionen Blöcke ein Gewicht von 2500 Kilogramm hat.

Die Herstellung von Lehmziegeln
Zum Hausbau verwendete man üblicherweise luftgetrocknete Lehmziegel. Sie bestanden aus Nilschlamm, der mit Häcksel vermischt und dann in rechteckige Holzmodel gestrichen wurde. In akkuraten Reihen wurden sie zum Trocknen in die Sonne gelegt.

Nur wenige Sklaven

Häufig kann man lesen, dass die großen **Steinblöcke für den Pyramidenbau** von einem Heer von Sklaven im Steinbruch gebrochen und transportiert wurden. Man weiß heute jedoch, dass diese Annahme falsch ist. **Die Arbeit an den Pyramiden** wurde aber fast ausschließlich von freien, auf große Bauvorhaben spezialisierten ägyptischen Arbeitern durchgeführt, die dafür entlohnt wurden. Der deutsche Mathematiker Michael Haase hat errechnet, dass für den Bau der Cheops-Pyramide 15 000 – 18 000 Menschen nötig waren, die in mehreren Schichten arbeiteten. Bei einer wahrscheinlichen Bevölkerungszahl von 1,5 Millionen wäre das nur etwas mehr als ein Prozent. Auch die ägyptischen Bauern hätte man kaum zum Pyramidenbau zwingen können, denn sie waren es, die die Lebensmittel herstellten, mit denen auch die Arbeiter an den Pyramiden versorgt wurden.

Lehmziegelpyramide
Im Mittleren Reich errichtete der Pharao Amenemhat III. seine Pyramide aus Lehmziegeln bei Fajjum.

Das Schweigen der Pyramiden

Herz aus Stein
Die mit Rosengranit verkleidete Königskammer im Innern der Pyramide des Cheops. Sie scheint völlig undekoriert gewesen zu sein.

Als Besonderheit der Pyramiden der 4. Dynastie wird oft das Fehlen von Hieroglyphen in ihren Innenräumen herausgestellt. Lediglich in einer der Entlastungskammern über der Königskammer wurden einige mit roter Tusche geschriebene Steinbruchinschriften **mit dem Namen des Cheops** (altägyptisch „Chufu") entdeckt; sie sind ein deutliches Indiz dafür, dass er tatsächlich Bauherr der Pyramide war. Ähnliche Inschriften finden sich auch an den Pyramiden des Snofru und des Djedefre. Der „Mangel" an Inschriften ist nichts Besonderes, sondern gilt auch für fast alle Pyramiden der 5. Dynastie. Erst Unas, der letzte Pharao der 5. Dynastie, ließ **Hieroglyphen in seiner Sargkammer** anbringen.

Die geheimnisvollen Theorien ranken sich vor allem um das Innere der großen Pyramide des Cheops. Begeben wir uns also gleich hinein.

Reise durch die Nacht
Das Grab Thutmosis' III. im Tal der Könige ist im Innern dekoriert mit Szenen, die die nächtliche Reise der Sonne durch die Unterwelt beschreiben, wo die Seelen der Verstorbenen leben. Die Decke ist blau bemalt mit zahllosen kleinen Sternen in Gelb.

Ein Sternenhimmel
Die Sargkammer in der Pyramide des Pharao Unas, des letzten Herrschers der 5. Dynastie, ist die erste dekorierte Grabkammer eines ägyptischen Königs. An den Wänden stehen Ritualtexte, die Decke ist mit Sternen überzogen.

Im Innern der großen Pyramide

Man betritt die Pyramide heute durch einen Stollen, den angeblich Kalif al-Ma'mun im 9. Jh. gegraben hatte, um nach Schätzen zu suchen, die er im Innern vermutete. Der originale Eingang war noch bis ins spätere Mittelalter unter den Verkleidungsblöcken verborgen. **Der Zugang in die Königskammer** war sogar noch extra durch riesige Fallsteine aus Granit blockiert: Die letzten Arbeiter, die die Pyramide verließen, hatten die Aufgabe, sie herabzulassen.
Nach einem 35 Meter langen, engen Tunnel gelangt man in **das eigentliche Gangsystem** mit den drei Kammern. Für Menschen, die an Klaustrophobie leiden, ist ein Besuch nicht ratsam. Der Gang ist nämlich kaum über einen Meter hoch und mit 54 Grad Neigungswinkel sehr steil. Die erste Kammer liegt tief unter dem Boden und wird **Felsenkammer** genannt. Die mittlere wird als **Königinnenkammer** bezeichnet und die am höchsten gelegene dritte als **Königskammer**.

Ein enger Stollen
Der Eingang in die Cheops-Pyramide, ein durch die Steinlagen geschlagener Tunnel. Unten: Einer der inneren Gänge. Der Aufstieg ist nicht leicht, vor allem für große Menschen.

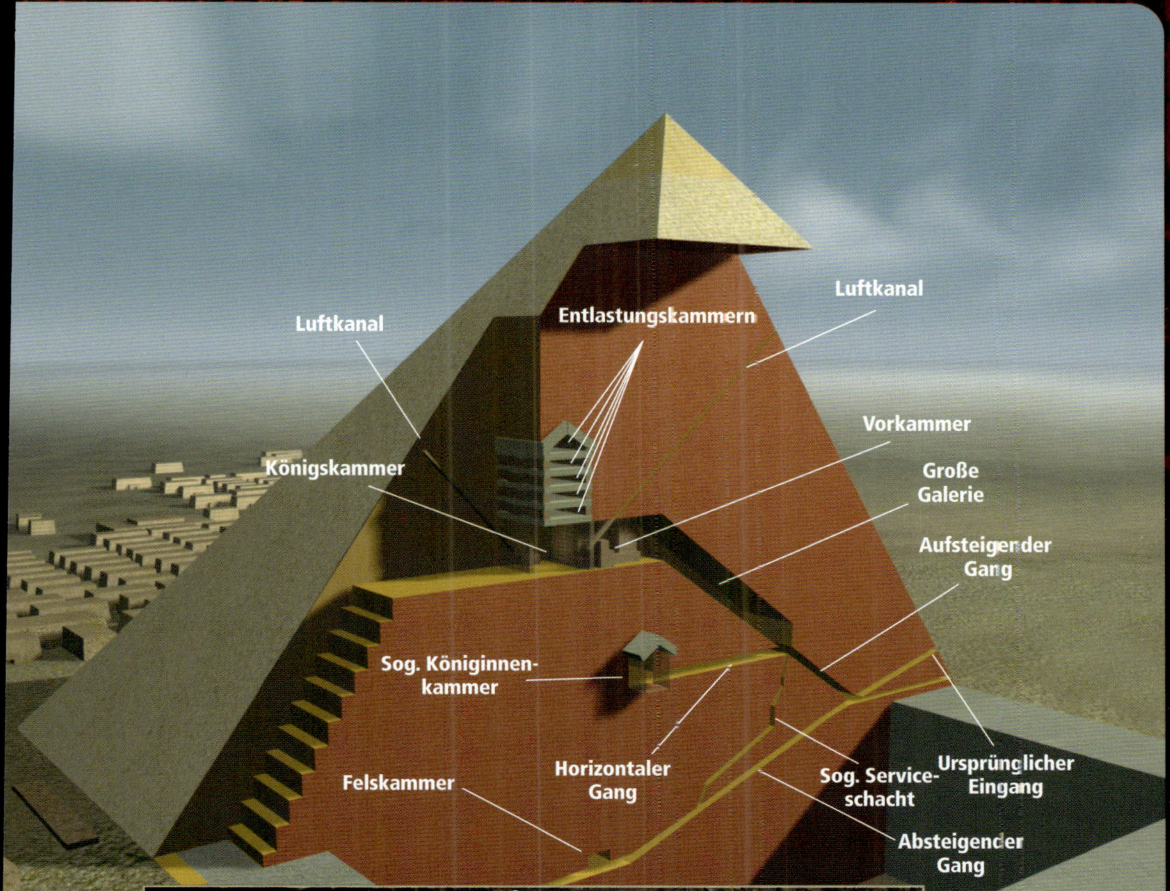

Die Struktur
Diese 3-D-Grafik zeigt eine Rekonstruktion des Innern der Cheops-Pyramide.

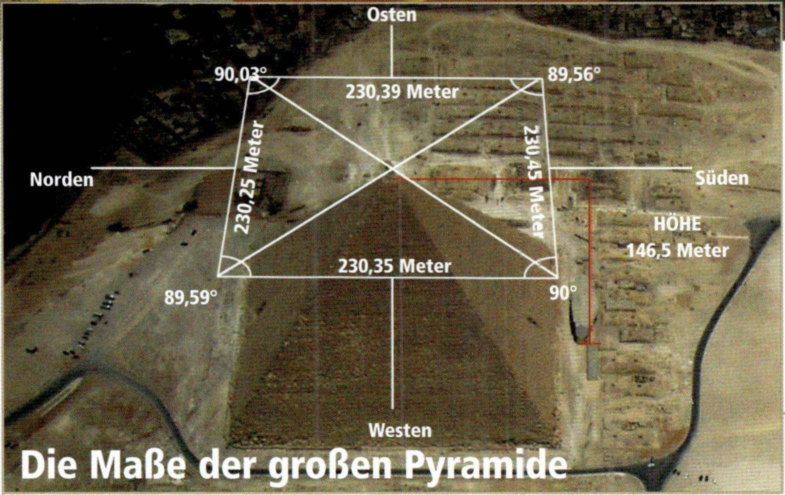

Die Maße der großen Pyramide

Da die obersten sieben Steinlagen fehlen, ist sie heute nur noch 138,75 Meter hoch; **ursprünglich maß sie etwa 146,5 Meter**. Sie besteht aus ca. 2,5 Millionen Steinblöcken. Die Seiten sind 230,36 Meter lang, der größte Abweichungsfehler beträgt nur 3,2 Zentimeter (0,015 %). Auch die vier Ecken sind fast exakt im 90°-Winkel. **Ihre Orientierung** weicht lediglich um 3'26" von der exakten Nord-Süd-Richtung ab, ein Fehler von nur 0,0015 %. Ihr Volumen ist dreißigmal größer als das des Empire State Building in New York.

Die Königskammer

Besucher
Der italienische Landschaftsmaler Luigi Mayer illustrierte im späten 18. Jahrhundert zahlreiche Reiseberichte aus dem Orient, die in Europa sehr geschätzt waren. Dieses 1804 publizierte Bild zeigt Einheimische beim Besuch in der Grabkammer des Cheops.

Das Herz der Cheops-Pyramide bildet ein Raum, der sich 42 Meter über der Basis befindet und vollständig mit **Rosengranit** verkleidet ist. Granit für den Fußboden, Granit für die Decke und natürlich für alle Wände – eine ungeheure Masse. Allein die neun riesigen Deckenbalken wiegen zusammen über 400 Tonnen.
Aus demselben rötlichen Granit besteht auch der Sarkophag, der nahe der Westwand in der Kammer aufgestellt ist und in dem mit größter Wahrscheinlichkeit die **Mumie des Pharao** bestattet war. Der Sarkophag wurde um das Jahr 820 n. Chr. vom Kalifen al-Ma'mun entdeckt, der hier Schätze zu finden hoffte. Doch waren ihm schon in der Antike Plünderer zuvorgekommen. Es gilt als sicher, dass der Gang, den al-Ma'mun öffnete, schon in pharaonischer Zeit von Grabräubern durch den Stein geschlagen wurde. Obwohl die Königskammer also leer war, war sie schon im Mittelalter eine viel besuchte **Attraktion für arabische Reisende**, später auch für einzelne Europäer, die sich nach Ägypten wagten.

Der rote Sarkophag

So schlicht der Sarkophag in der Königskammer auch aussieht, in technischer Hinsicht ist er **ein Wunderwerk**: aus einem einzigen Steinblock ausgehöhlt und so groß, dass er schon während des Baus aufgestellt worden sein muss. Die handwerkliche Leistung ist so unvorstellbar, dass man lange rätselte, welche Werkzeuge dafür verwendet wurden. Der Archäologe Flinders Petrie, der im 19. Jh. hier arbeitete, war der Meinung, mit Diamanten oder Korund (eine Art Saphir) verstärkte Bronzewerkzeuge seien unerlässlich gewesen. Der Ingenieur Christopher Dunn vertritt gar die Ansicht, man würde einen Bohrer benötigen, der sich 500-mal schneller als die heutigen drehen könne. Wie aber hätten die alten Ägypter so etwas bewerkstelligen können? Die Antwort gab der Brite Denys Stocks. Anhand von Werkzeugspuren und durch praktische Versuche fand er heraus, dass die Handwerker kupferne Röhrenbohrer mit einem Durchmesser von wohl 11 Zentimeter verwendeten. Als Schleifmittel diente trockener Quarzsand.

Ein besonderes Bauwerk

Auf der Königskammer lastet natürlich das immense Gewicht der darüber aufgeschichteten gewaltigen Baumasse. Fünf über der Kammer liegende sogenannte **Entlastungskammern** sollten verhindern, dass die Decke einbricht. Denn schon während des Bauens hatte sich die Kammer an manchen Stellen geringfügig gesenkt, sodass sich feine Risse gebildet hatten.

Bei den Entlastungskammern handelt es sich um flache Hohlräume, die mit bis zu 50 Tonnen schweren Granitbalken gedeckt sind. Die Dicke der Platten variiert zwischen 90 und 180 Zentimetern. Der oberste Raum hat ein Satteldach aus schräg gestellten Kalksteinblöcken.

In diesen Kammern wurden auch **die einzigen zeitgenössischen Inschriften** der Pyramide gefunden. Sie überliefern die Namen der Arbeitsmannschaften und enthalten auch den Namen des Königs Cheops. Es kann also keinen Zweifel geben, dass die Pyramide für ihn gebaut wurde.

Entlastungskammern
Diese befinden sich oberhalb der Grabkammer des Königs.

Eine Überraschung
In der Grabkammer des Königs befindet sich der riesige rote Sarkophag, der die Mumie des Pharao nie beherbergte.

Die Königinnenkammer

Die beiden anderen Räume enthalten keinerlei Information über ihre ursprüngliche Funktion; beide sind vollständig schmucklos. Daher gehen auch die Meinungen über sie auseinander. Früher glaubte man, die Königinnenkammer sollte Grabräuber täuschen, damit sie nicht weiter nach der richtigen Sargkammer suchen. Nach heutiger Meinung ist es eher **die ursprünglich geplante Grabkammer**, die später zugunsten einer höher liegenden, prächtigeren Kammer aufgegeben wurde. Andere Wissenschaftler vermuten, der Raum sei für die Aufstellung einer Königsstatue gedacht gewesen.

Im Zentrum Ein Schnitt durch die Pyramide mit der Königinnenkammer. Sie liegt exakt in der Ost-West-Achse des Bauwerks, hat einen fast quadratischen Grundriss, ein Satteldach und eine Höhe von etwas mehr als sechs Metern. In der Ostwand öffnet sich eine große Nische. Die Kanäle beginnen In der Nord- und Südwand.

Von der Königinnenkammer gehen zwei enge Kanäle aus, etwa 20 mal 20 Zentimeter im Querschnitt, die im 40°-Winkel nach oben führen. Auch ihre Bedeutung ist noch nicht geklärt. Nach einer Theorie sind es Luftkanäle, wie es sie auch in der Königskammer gibt, nach einer anderen sind es **symbolische Korridore**, durch die die Seele des Königs zum Himmel aufsteigen konnte. Im Jahr 1993 schickte der deutsche Ingenieur Rudolph Gantenbrink einen Miniroboter namens „Upuaut", auf dem er eine Filmkamera befestigt hatte, in einen der Kanäle. Der Roboter drang ungefähr 60 Meter weit vor, bis er von einer Verschlussplatte mit zwei kleinen Kupferstiften gestoppt wurde.

Rätselhafte Luftkanäle

Am 16. September 2002 wurde ein neuer, verbesserter Roboter, der **„Pyramid Rover"**, in den südlichen Kanal gesetzt. Mit seiner Hilfe wurde ein ca. 2 Zentimeter großes Loch in den Blockierstein gebohrt, durch das eine Miniaturkamera geführt wurde. Das Ergebnis dieser Aktion, die weltweit im Fernsehen übertragen wurde, war alles andere als spektakulär: eine etwa 45 Zentimeter lange Fortsetzung des Kanals und dahinter wieder ein Steinblock, der das Ende des Kanals anzeigen dürfte. Der nördliche Kanal konnte nur über eine kürzere Strecke untersucht werden, da er bald nach Westen abknickt, um der Großen Galerie auszuweichen.

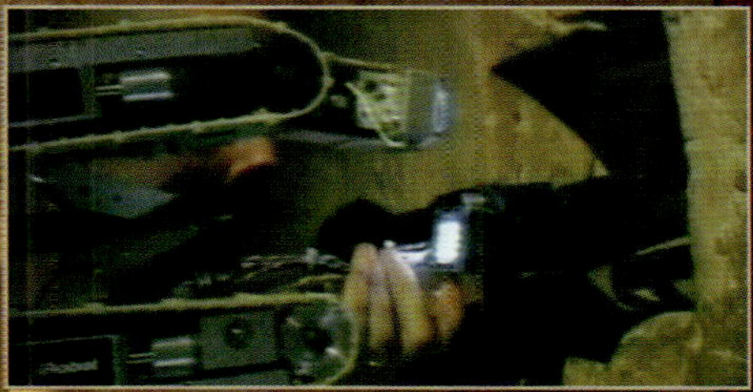

Bildsequenz aus dem Stollen
Links: Die Nische in der Königinnenkammer. Oben: Die Forschungen im südlichen Kanal. Ganz oben der von einer Filmkamera hell beleuchtete Kanal. In der Mitte und unten Fotos des TV-Senders „National Geographic Channel", die den Pyramid Rover beim Eindringen in den Kanal und den ersten Blockierstein zeigen. Die Minikamera des Roboters schaut durch das in die Tür gebohrte Bohrloch, entdeckt jedoch nur eine zweite Blockierung.

Die Felskammer

Zwei für Touristen gesperrte Korridore führen tief hinunter zur sogenannten Felskammer. Der erste ist ein schräg absteigender Gang vom originalen **Eingang der Pyramide** direkt bis zur Kammer. Der zweite beginnt direkt vor der Großen Galerie, führt vertikal nach unten und trifft kurz vor der Felskammer auf den ersten Korridor. Er verläuft nicht gerade, und man hat lange über seine **Funktion** gerätselt. Heute gilt es als sicher, dass er kein Grabräubertunnel ist, sondern dass er gleich beim Bau der Pyramide angelegt wurde, um die Arbeiter in der Felskammer mit Frischluft zu versorgen – daher kommt die Bezeichnung als **„Serviceschacht"**. Die Felskammer selbst war sicher die ursprünglich geplante Grabkammer für den König. Offenbar musste man sie aber unvollendet lassen, weil die durch den Schacht einströmende Luft, 30 Meter unter dem Bodenniveau, nicht für die Arbeiter ausreichte.

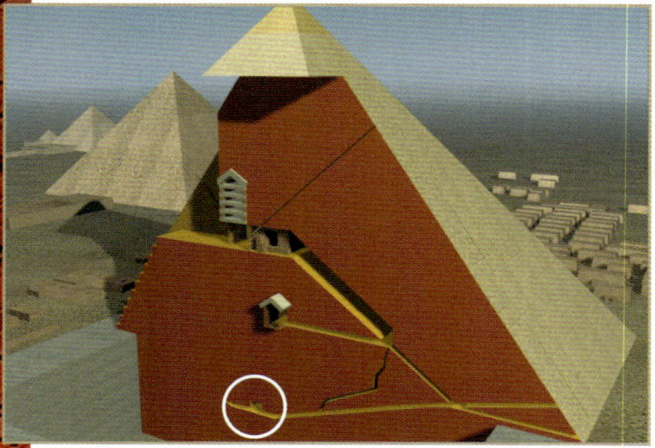

Unterirdisch
Der Kreis markiert die Lage der Felskammer in der Pyramide.

Abbild der Welt?

Um die Cheops-Pyramide ranken sich viele **Legenden**. So soll der Breiten- und der Längengrad, auf denen sie steht, mehr festes Land durchqueren als alle anderen; daher sei sie eine Art „Mittelpunkt der Welt". Das Gewicht der Pyramide, das auf 5 273 000 Tonnen geschätzt wird, multipliziert mit einer Trillion, soll dem **Gewicht der Erde** entsprechen. Ihr Umfang, geteilt durch ihre halbe Höhe, soll exakt die Kreiszahl π (3,14159) ergeben, ein Wert, dessen Bedeutung für die Geometrie von den Griechen erst Jahrhunderte später entdeckt wurde.

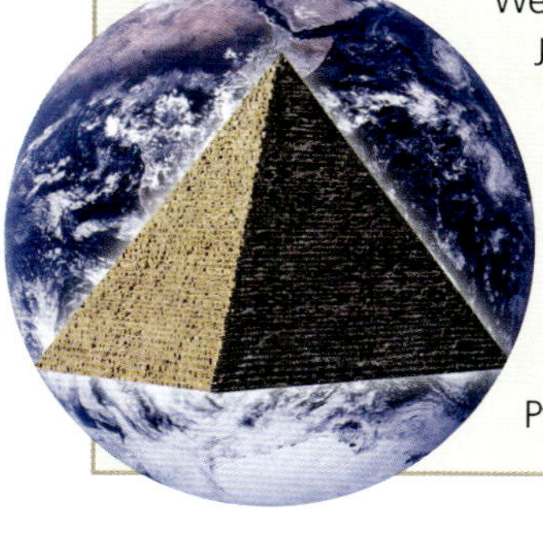

Die leichte (konkave) Krümmung der Außenflächen der Pyramide soll der (konvexen!) Krümmung der Erdoberfläche entsprechen. Und schließlich soll die Pyramide des Cheops gar eine **Darstellung der Erde** im Maßstab 1:43 000 sein. Da man durch das Fehlen der Verkleidungsblöcke aber weder die exakte Höhe, den exakten Umfang noch das Gewicht der Pyramide kennt, sind solche Rechnungen reinste Spekulation.

Die Große Galerie
Oben: Ein Foto der langen, hohen Galerie mit ihrer grandiosen Deckenkonstruktion, einem Kraggewölbe; sie ist über 46 Meter lang und 8,5 Meter hoch. Die große Illustration aus einem frühen Reisewerk zeigt eine Gruppe von Männern beim Erkunden der Galerie.

Zahllose Kalksteinblöcke

Wie wurden die Pyramiden gebaut? Diese Frage stellt sich wohl jeder Besucher, der vor diesen gigantischen Bauten steht. Nach wissenschaftlichen Erkenntnissen wurden die etwa **zweieinhalb Millionen Kalksteinblöcke** auf einer langen oder auch mehreren Rampen aus Lehmziegeln zur Pyramide transportiert. Die Rampen wuchsen dann mit der Pyramide immer höher.
Manche Menschen halten es allerdings für nicht möglich, dass eine so **unglaubliche Anzahl Blöcke** nur mit Menschenkraft auf fast 150 Meter Höhe gezogen wurde, und das in nur 20–25 Jahren. Dazu kommt, dass der eigentliche Bauvorgang ja nur der zweite Schritt war. Zuvor mussten die Kalksteinblöcke in den Steinbrüchen der Umgebung gebrochen und herangeschafft werden, die **Rosengranitblöcke** sogar auf dem Nil aus einer Entfernung von fast 900 Kilometern.

Eine feste Masse

Eine der vielen alternativen Theorien wurde vom französischen Chemiker Joseph Davidovits aufgestellt. Er glaubt, die Ägypter hätten gar keine Steinblöcke herantransportiert, sondern die Blöcke direkt vor Ort aus einer Masse gefertigt, die er als **„Zement der Pharaonen"** bezeichnet. Dafür hätten sie weichen Kalkstein zerstoßen, mit Wasser, Sand und Natron versetzt, diese Masse dann in Behältern zur Pyramide getragen und dort Blöcke gegossen. Diese Theorie hat viele Anhänger gefunden. Geologen haben jedoch nachgewiesen, dass das Kernmaterial der Pyramide Kalkstein ist und aus einem nahe gelegenen Steinbruch stammt.

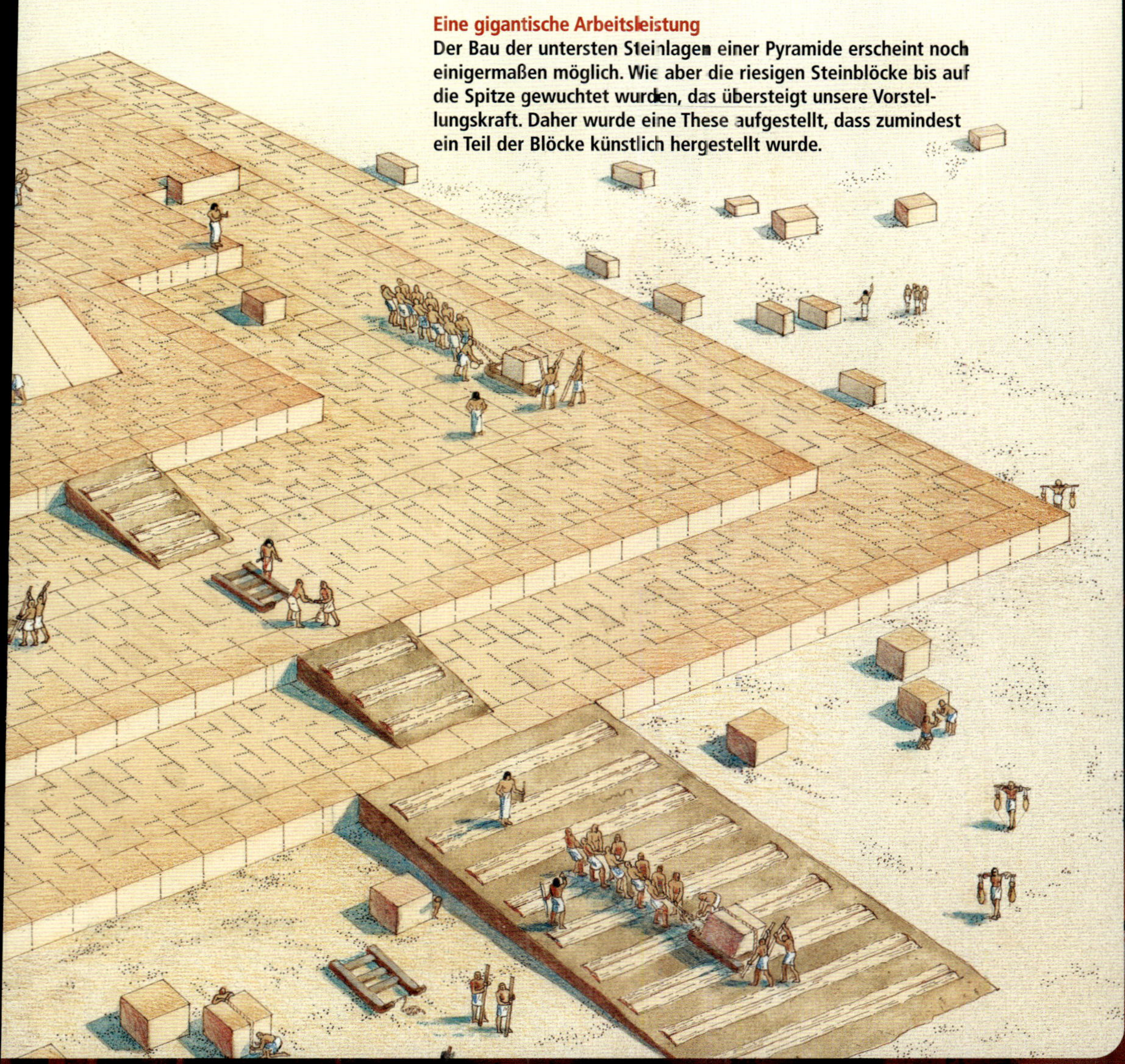

Eine gigantische Arbeitsleistung
Der Bau der untersten Steinlagen einer Pyramide erscheint noch einigermaßen möglich. Wie aber die riesigen Steinblöcke bis auf die Spitze gewuchtet wurden, das übersteigt unsere Vorstellungskraft. Daher wurde eine These aufgestellt, dass zumindest ein Teil der Blöcke künstlich hergestellt wurde.

Kurze Balken

Ein Vorschlag für die Transportmethode der Steinblöcke stammt von einem Italiener namens Elio Diomedi. Seine Theorie basiert auf einer Textpassage bei Herodot, in der der griechische Historiker betont, dass die Pyramiden mithilfe von „kurzen Balken" gebaut wurden. Was meint Herodot damit?

Die Bedeutung dieser Textstelle war seit Jahrhunderten unklar, aber Diomedi, selbst Baumeister, scheint die Lösung gefunden zu haben. Die „Balken" Herodots sind vergleichbar mit den Holzschwellen, die bei uns beim Bau von Schienen verlegt werden. Die Ägypter luden **schwere Lasten auf Schlitten**, die dann mit Zugtieren, vor allem aber mit Menschenkraft, über mit Querbalken verstärkte Transportrampen gezogen wurden. Die Balken wurden mit feuchtem Lehm glitschig gemacht, was die Reibung stark minimiert. Auf dieser Grundlage konnten die Steinblöcke leichter vom Steinbruch aufs Schiff, von diesem auf das Giza-Plateau und schließlich bis zur Spitze der Pyramiden geschleppt werden.

Diese äußerst **praktikable Methode** hat viele Menschen überzeugt, darunter auch namhafte Ägyptologen.

Vielleicht die Lösung

Der Transport schwerer Lasten, die auf Holzschlitten lagen, über nasse und daher rutschige Holzschwellen war ein einfaches, aber effektives System.

In schwindelerregender Höhe
Welche Technologie es auch immer war, mit deren Hilfe es den alten Ägyptern gelang, ihre grandiosen Denkmäler zu errichten, die gewaltige Masse der fast 150 Meter hohen großen Pyramide versetzt uns noch heute ins Staunen.

War Cheops der Bauherr?

Jenseitsfahrt
Folgende Seite: Ein Luftbild des Giza-Plateaus mit den Pyramiden des Chephren (links) und des Cheops (rechts). Vor der Cheops-Pyramide sieht man das Museum, in dem das riesige „Sonnenschiff" des Pharao ausgestellt ist, das ihm bei seinen Reisen im Jenseits dienen sollte. Es besteht aus Zedernholz und ist 43 Meter lang. Unten: Die Innenansicht.

Cheops (eigentlich Chufu) ist einer der bekanntesten Pharaonen, da sein Name mit seiner weltberühmten Pyramide verbunden wird. Aber davon abgesehen, sind über ihn nur sehr **wenige Fakten** bekannt. Er war der zweite König der 4. Dynastie und regierte mindestens 23 Jahre, von 2604–2581 v. Chr. Denkmäler und Inschriften mit seinem Namen wurden in Dendara, im Delta, im Sinai und in mehreren Steinbrüchen Oberägyptens gefunden. Nach Herodot soll er sein Volk schikaniert, alle Tempel geschlossen und alles dem Bau seiner Pyramide untergeordnet haben. Aber das sind wahrscheinlich nur Legenden, die viele Jahrhunderte nach seinem Tod erfunden wurden. Erstaunlich ist, dass von ihm **kein Bildnis** außer einer winzigen Statuette existiert.

Daher wird von manchen angezweifelt, dass die große Pyramide tatsächlich von ihm stammt. Sie glauben nicht einmal, dass dieses riesige Bauwerk überhaupt den **Leichnam des Pharao** aufnehmen sollte. Als Grund führen sie an, dass die Königskammer die einzige Sargkammer einer Pyramide wäre, die über Bodenniveau liegt, und – angeblich im Gegensatz zu anderen Königsgräbern – das Fehlen von Hieroglyphen und Dekorationen an den Wänden.

Wo ist aber nun das Grab des Cheops?

Tatsächlich sind es zwei Dinge, die Cheops klar mit der großen Pyramide in Verbindung bringen: der Bericht des griechischen Geschichtsschreibers Herodot und die bereits genannten Inschriften, die vor fast zwei Jahrhunderten in den Entlastungräumen über der Königskammer entdeckt wurden. Aber wo ist **die gesamte Grabausstattung** geblieben? Gestohlen? Oder stimmt die faszinierende Hypothese, dass Cheops zwar der Erbauer der großen Pyramide sei, sich aber nicht in ihr bestatten ließ? Vielleicht haben ihn die feinen Risse in der Königskammer veranlasst, sein wahres Grab an einem anderen Ort anzulegen.

Einige freie Forscher erklären, dass die Lage dieses Grabes durch die große Pyramide selbst angezeigt wird, und zwar durch den Schatten, den sie während der Wintersonnwende wirft. Aufgrund seismischer Untersuchungen glauben sie, an der Spitze des Schattens liege der Beginn eines absteigenden Ganges, der nahe zum Nil führt. Und Herodot beschreibt ja das **Grab des Cheops** als vom Wasser des Nils umgeben. Könnte das wahr sein?

Ein winziger Pharao

Die einzige Statuette, die wohl Cheops darstellt, ist wirklich sehr klein. Heute ist sie im Museum von Kairo ausgestellt

Das Geheimnis eines Symbols

Ewige Dauer
Im Grab der Königin Nefertari ist das Djed-Zeichen sehr oft zu sehen. Es bedeutet Dauer und Bestand und wurde auch als göttliches Wesen mit Armen und Augen dargestellt.

Man kann nicht mit Sicherheit nachweisen, dass Cheops wirklich in der Königskammer bestattet war. Manche Theoretiker vermuten sogar, die Königskammer hätte von Anfang an eine völlig andere Funktion gehabt. Ihre gewagte Hypothese stützt sich vor allem auf die **fünf Entlastungskammern**, die über der Königskammer liegen.

Waren sie wirklich aus statischen Gründen nötig? Manche modernen Architekten sind der Ansicht, auch ein Satteldach hätte ausgereicht, das immense **Gewicht der Steinmasse** über ihr aufzufangen und einen Einsturz der Kammer zu verhindern. Damit wird nun die Annahme begründet, die Entlastungskammern würden ein Geheimnis verbergen, das mit den Gesetzen der Physik absolut nichts zu tun hat.

Um diese Theorie zu verstehen, muss man die Pyramide im Querschnitt betrachten: Die Königskammer mit den Entlastungskammern soll hier an ein gigantisches **Djed-Zeichen** erinnern, an ein altägyptisches Symbol und Schriftzeichen, das auf den ersten Blick an einen Turm mit verschiedenen Ebenen erinnert. Ein Symbol, das für Dauer und Bestand steht – Zufall oder Absicht?

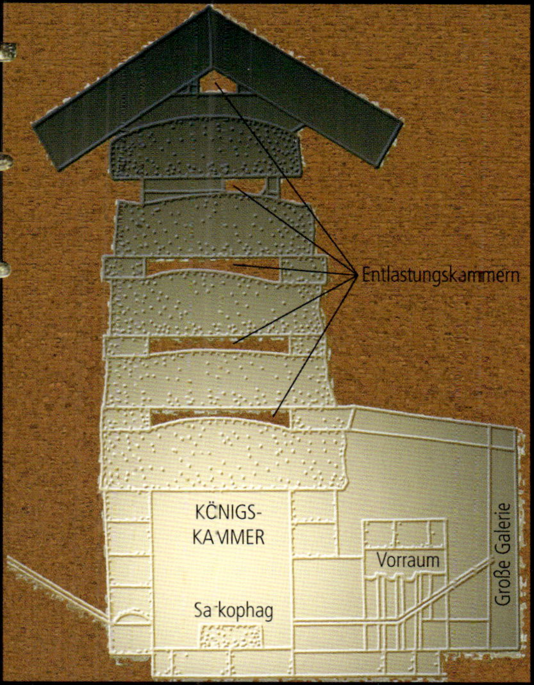

Große Ähnlichkeit?
Vergleicht man die Königskammer in der Cheops-Pyramide mit einer Zeichnung des Djed-Pfeilers, so fällt auf, dass ihnen eine hohe schlanke Form gemeinsam ist. Der Djed-Pfeiler ist jedoch rund, hat konkave Seiten und einen flachen Abschluss, der „Turm" in der Pyramide ist eckig, konvex und hat ein Satteldach.

Der Djed-Pfeiler

Ursprünglich war der Djed ein runder Pfahl, um den in verschiedenen Höhen Blätter und Pflanzenstängel gebunden wurden. Das kann man bei Darstellungen aus der 2. Dynastie gut erkennen. Als **Schriftzeichen** bedeutet Djed Dauer und Bestand. Als ein wichtiges Schutzsymbol wurde es in vielen Gräbern abgebildet. Es wurde aber auch sehr häufig in verschiedenen Materialien als **Amulett** getragen. Es könnte jedoch ebenso ein äußerst alter und geheimnisvoller Turm sein, der aus Mesopotamien stammt und als eigenständiger Bau in die Cheops-Pyramide integriert wurde.

Zeitreise

Zeitmaschine
Traum, Einbildung oder Realität? Wer kann das sagen? Jeder kann hier glauben, was er mag.

Der Cheops-Pyramide werden aber noch ganz andere Dinge nachgesagt. Vor allem in der Königskammer sollen sich eigenartige Vorkommnisse zutragen. So gibt es die Theorie, dass die Pyramide eine Art **Zeitmaschine** verbergen soll, da sich in ihrem Zentrum und vor allem in dem Djed-Pfeiler, der vom Kammersystem gebildet wird, eine besondere Energie bündelt. Blumige Erzählungen berichten von den Kräften, die in diesen Räumen herrschen. Unter anderem sollen gebrauchte Rasierklingen, wenn man sie nur vier Stunden in der Pyramide lässt, wieder scharf werden. Die **Pyramidenform** soll nach dieser Theorie nur eine Schutzfunktion haben. Die Umkehrung der Zeit und die daraus folgende Verjüngung aller Materialien, die eine Zeit lang im Innern der Königskammer liegen, werde jedoch von dem Djed-Pfeiler-förmigen „Turm" herbeigeführt. Handelt es sich nur um an den Haaren herbeigezogene Erfindungen? Wir haben ein kleines Experiment durchgeführt. Zu den Phänomenen, die sich angeblich im Innern der Königskammer ereignen, gehört auch, dass Gegenstände in der Pyramide ihr Gewicht verändern. Wir haben das ausprobiert; während unseres Experiments jedoch ließ sich keine auch noch so kleine Veränderung messen.

Eine Zeugenaussage

Stellvertretend für viele derartige Aussagen soll hier der Bericht eines italienischen Forschers stehen, den dieser vor einiger Zeit verfasst hat. Er wollte allerdings anonym bleiben. „Es war im Jahr 1988, um 9 Uhr morgens, als ich mit einer Freundin in der Königskammer war. Es waren keine Touristen da, nur wir beide. Auf einmal sahen wir eine Art Licht, grünlich weiß und sehr intensiv. Instinktiv lehnte ich mich an die Wand und entspannte mich kurz. Bald darauf sahen sowohl ich als auch meine Freundin auf unsere Uhren, und wir beschlossen, wieder nach draußen zu gehen, da wir schon einige Minuten in der Kammer verbracht hatten. Vor der Pyramide trafen wir einen Wächter, der sich darüber beklagte, dass wir drei Stunden im Innern der Pyramide geblieben seien. Nach unseren Uhren waren jedoch nur zehn Minuten vergangen. Sachlich kann ich keine Erklärung dafür finden, gefühlsmäßig würde ich sagen, dass es sich um eine Zeitblockade gehandelt hat."

Datierung einer Hypothese

Nach heutigem Wissen wurden die große Pyramide sowie die anderen **Pyramiden von Giza** während des Alten Reiches in der 4. Dynastie um 2600–2500 v. Chr. gebaut. Diese Datierung ist aus vielen Quellen abgeleitet, aus Inschriften, Königslisten und auch aus dem Zeugnis von Herodot. Ein naturwissenschaftlich sicherer Beweis wäre eine C14-Datierung, doch diese Untersuchung funktioniert nur bei organischen Materialien, nicht aber bei Stein.
Daher gibt es verschiedene Autoren, die behaupten, **das wahre Alter der Pyramiden** sei 12 000 Jahre. Dieses Datum ist nicht zufällig, und schon im frühen 20. Jahrhundert gab es jemanden, der diese Behauptung aufstellte.

Verschüttete Geheimnisse
Das Giza-Plateau soll angeblich Geheimnisse bergen, die weit über unsere heutige Kenntnis vom Ursprung der Menschheit hinausgehen.

Der schlafende Prophet

Sein Name war Edgar Cayce, bekannt als „der schlafende Prophet“. Geboren 1877 in Kentucky in den USA, war er laut seinen Anhängern der größte Wunderheiler und Seher des 20. Jahrhunderts. Cayce äußerte seine Diagnosen und Prophezeiungen in einem schlafähnlichen **Trancezustand**, in dem er die Krankheiten seiner Patienten „sehen“ konnte, sogar über große Entfernungen. Es wurde keine seriöse wissenschaftliche Untersuchung gemacht über seine angeblichen Wunderheilungen, und das ist es auch nicht, was uns interessiert. Sondern: Cayce behauptete auch, während seiner Trancezustände Vergangenheit und Zukunft sehen zu können.

Der Seher
Welche Ideen verbreitete Cayce?

Eine Verbindung zum Volk von Atlantis

Verschollene Spuren
Nach Cayce existieren im Innern einer der berühmtesten archäologischen Stätten der Welt wichtige Zeugnisse – die allerdings erst noch gefunden werden müssen.

Jedenfalls fand Cayce mit seinen Äußerungen viele Anhänger, und seine **Thesen über die Pyramiden** erfuhren große Verbreitung. Edgar Cayce behauptet, dass die Pyramiden von Giza viele Jahrtausende früher fertiggestellt wurden, als man zu wissen glaube: exakt im Jahr 10 500 v. Chr. Wer aber soll sie dann geschaffen haben? Die Antwort wird kaum überraschen: Es waren die Überlebenden des Volkes von Atlantis, des legendären untergegangenen Kontinents!

Nach Cayce sollen die Pyramiden den Ort anzeigen, an dem die Leute von Atlantis ein riesiges unterirdisches Archiv für Dokumente

über ihre Kultur und Geschichte angelegt hätten. Der Eingang in diese sagenhafte **„Halle der Aufzeichnungen"** soll jedoch nicht in der Pyramide selbst verborgen sein, sondern in einem nahe gelegenen einmaligen Monument, das wir bisher etwas vernachlässigt haben, aber das zu den faszinierendsten Objekten in der Umgebung der Pyramiden gehört: im großen Sphinx.

Unglaublich!
Das Straußenei im Nubischen Museum ist ins Jahr 4500 v. Chr. datiert. Aber sehen diese Dreiecke nicht aus wie die Pyramiden von Giza?

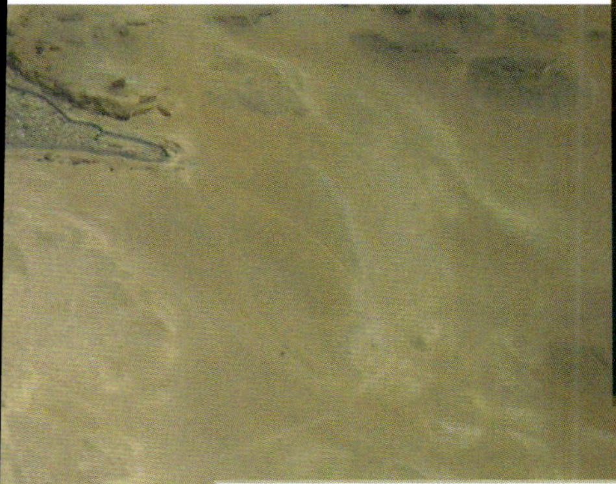

Ein rätselhaftes Straußenei

Im Nubischen Museum in Assuan wird zusammen mit vielen anderen Objekten ein Straußenei aufbewahrt. Es stammt aus dem antiken Nubien, einer Region, die vom Süden Ägyptens bis in den Nordsudan reicht. Dieses perfekt erhaltene Ei datiert in die Zeit **um 4500 v. Chr.** und ist rundum mit einer Ritzdekoration verziert. Ein Detail der Dekoration wird als Beweis dafür herangezogen, dass die heute gültige Rekonstruktion der ägyptischen Geschichte nicht stimmen könne.
Worum handelt es sich bei diesem Detail? Um drei Dreiecke, die ein Abbild der Pyramiden von Giza sein sollen, direkt am Nil gelegen? Wenn diese Pyramiden aber erst um 2600–2500 v. Chr. erbaut wurden, könnten sie ja unmöglich auf einem 2000 Jahre älteren Straußenei abgebildet sein. Aber es gibt noch eine andere Erklärung dafür: Betrachtet man andere Gegenstände aus demselben Zeitraum, so stellt man schnell fest, dass solche Dreiecksmuster oft vorkommen. Sie stellen die **Wüstenberge** dar, die sich am Rande des Fruchtlandes in ganz Ägypten und Nubien erheben.

Der Sphinx und die Sterne

Königliche Macht
Die ägyptischen Herrscher ließen sich selbst als Sphinx darstellen. Das sollte ihre herausragende Macht und Kraft verdeutlichen.

Sehenswert sind auf dem **Giza-Plateau** nicht nur die Pyramiden, sondern auch ein merkwürdiges Wesen aus Stein, dessen Körper jahrhundertelang unter Sandbergen verborgen war: der große Sphinx. Er hat den Kopf eines Menschen (des Pharao) und den Körper eines Löwen. Nach Meinung der Ägyptologen war er als **Wächterfigur für die Totenstadt** der Pyramiden gedacht.

Theorien, die sich im Nebel der Geschichte verlieren

Auch hier wird wieder ein Zusammenhang mit der „Halle der Aufzeichnungen" hergestellt, die Edgar Cayce „gesehen" hatte. Demnach befinden sich beim Sphinx **mehrere Tunnel**, die genau zu diesem unterirdischen Gewölbe führen. Dass es sich dabei nicht um reine Vermutungen handle, wird mit der Behauptung gestützt, man sei sogar schon heimlich ins Innere dieser Tunnel vorgedrungen.

Die Pyramiden und der Sphinx sollen also schon ungefähr 12 000 Jahre alt sein, da die Erosionsspuren, die man auf dem Körper des Sphinx sehen kann, angeblich von starken Regenfällen stammen sollen. Diese aber gab es seit 12 000 Jahren nicht mehr im Niltal.

Nach einer anderen These ist der Sphinx eine symbolische Darstellung des Sternbildes des Löwen, das vor etwa 12 000 Jahren am östlichen Horizont sichtbar war. Tatsächlich gab es auch **ein ägyptisches Sternbild** in Gestalt eines Löwen, doch konnten die zu ihm gehörenden Sterne bisher nicht identifiziert werden. Dennoch soll der nach Osten orientierte Sphinx während der Tagundnachtgleiche im Frühjahr 10 500 v. Chr. exakt auf dieses Sternbild geblickt haben.

Himmelswächter?

Das heutige Sternbild des Löwen hat mit dem altägyptischen nichts zu tun. Bislang hat man noch nicht herausfinden können, welche Sterne zum ägyptischen Sternbild in Gestalt eines Löwen gehören, das in manchen astronomischen Decken vorkommt.

Geheimnisvolle Gänge

Aus grauer Vorzeit
Der imposante Sphinx von Giza ist 70 Meter lang und fast 20 Meter hoch. Er wurde im Ganzen aus einer Felsnase herausgearbeitet und stammt aus einer Zeit, die auch für die Ägypter des Neuen Reichs schon längst Geschichte war.

Die unterirdischen Gänge im Bereich des Sphinx wurden auch von Archäologen untersucht. **Zahi Hawass**, der Chef der ägyptischen Antikenbehörde, berichtet über die Ergebnisse:
„Im Jahr 1977 stellte das Forschungsinstitut von Stanford in Kalifornien fest, dass unter der rechten Pranke des Sphinx ein Tunnel beginnt. Wir haben viele Meter freigelegt, aber nichts gefunden. Unsere Ausgrabungen haben gezeigt, dass der Sphinx aus dem anstehenden Felsen besteht und dass unter ihm absolut nichts verborgen ist. **Die Arbeiten am Sphinx** dauern nun schon 20 Jahre an. Wir haben überall Ausgrabungen durchgeführt ... aber es gibt absolut nichts, nicht den kleinsten Hinweis auf irgendetwas wie Atlantis. Die viel zitierte Halle der Aufzeichnungen ist nichts als eine Sage, ein Fantasiegespinst, an das viele Menschen einfach glauben wollen, trotz aller Gegenbeweise."

Gab es zwei Sphingen?

Forscher wie der Italiener Diego Baratono haben die Theorie aufgestellt, dass ein zweiter Sphinx existierte, dem großen entgegengesetzt und nach Westen ausgerichtet. Dieser Sphinx müsse erst noch entdeckt werden, da er noch vom Wüstensand verschüttet sei. Auch die „Halle der Aufzeichnungen" befände sich unter diesem Sphinx (da man sie unter dem großen Sphinx nicht gefunden hat). Zur Stützung dieser Theorie dient die von Thutmosis IV. errichtetet sogenannte „Traumstele". Auf ihr sind zwei Rücken an Rücken liegende Sphingen zu sehen.
Zwar hält es auch der Ägyptologe Rainer Stadelmann für möglich, dass ein zweiter Sphinx im Westen der Pyramiden geplant war. Doch will er das nicht durch die Traumstele beweisen, die 1200 Jahre jünger ist als der Sphinx. Vielmehr ist auf ihr lediglich derselbe Pharao zweimal beim Opfer vor demselben Sphinx abgebildet.

Die Traumstele

Als Thutmosis IV. (18. Dynastie) noch ein Prinz war, schlief er eines Tages im Schatten des Sphinx ein. Im Traum versprach ihm dieser den ägyptischen Thron, wenn er ihn, dessen Körper schon damals vom Sand verschüttet war, freilegen würde. Der Prinz gehorchte dem Traum und stellte nach seiner Thronbesteigung zur Erinnerung eine Stele vor der Statue auf.

Die vergessene Königin

Nachdem wir uns ausführlich mit Giza beschäftigt haben, begeben wir uns jetzt nach Süden, ins antike **Theben**. Hier wollen wir uns die Geschichte von zwei der außergewöhnlichsten Menschen des alten Ägypten ansehen. Wir sprechen von **Königin Hatschepsut und Senenmut**, dem Erzieher ihrer Tochter.

Hatschepsut (ihr Name bedeutet „Die Erste der Damen") regierte von 1479–1458/57 v. Chr. in der frühen 18. Dynastie, die auch als Thutmosidenzeit bezeichnet wird. Sie war die Tochter von Thutmosis I. und die Gattin und Halbschwester von Thutmosis II. Nach dessen Tod hätte eigentlich Thutmosis III., ein Sohn des Königs mit einer Nebenfrau, den Thron besteigen müssen; dafür war er aber noch zu jung. So wurde Hatschepsut Regentin für ihren Stiefsohn bis zu dessen Thronreife.

Als der Zeitpunkt gekommen war, hatte sich Hatschepsut aber anders entschieden. Sie behielt die Regierungsgewalt und ließ sich sogar, sicher mit Zustimmung der Priesterschaft, zum regierenden Pharao krönen.

Hatschepsut soll **eine gerechte und milde Herrscherin** gewesen sein, dabei aber sicher von starker Willenskraft. In ihrer 22-jährigen Regierungszeit erlebte Ägypten eine Zeit relativen Friedens und Wohlstandes.

Eindrucksvolles Bauwerk
Der monumentale Tempel der Königin Hatschepsut in Deir el-Bahari wurde unter der Bauleitung von Senenmut errichtet, dem mächtigsten Beamten seiner Zeit und engsten Vertrauten der Königin. Die terrassenförmige Anlage ist hauptsächlich dem Gott Amun geweiht.

Ausgelöschte Erinnerung

Nach ihrem Tod sollte die Erinnerung an sie getilgt werden. Als ob sie nie existiert hätte, wurde sie in den offiziellen **Königslisten** nicht erwähnt. Außerdem wurde ihr Name von Denkmälern, Tempelwänden, Statuen und Obelisken entfernt, nur einige wurden übersehen. Ihr Stiefsohn Thutmosis III. bestieg nach ihrem Tod 1457 v. Chr. den Thron. Aber er scheint die **Auslöschung ihres Andenkens** nicht sofort betrieben zu haben, das geschah erst später; warum, bleibt ein Rätsel. Vielleicht, weil sie es als Frau gewagt hatte, als „echter" Pharao zu regieren? Eines gewaltsamen Todes scheint sie aber nicht gestorben zu sein, denn sie wurde, einem Pharao angemessen, im Tal der Könige bestattet.

Hatschepsut
Die Geschichte dieser außergewöhnlichen Frau, die fast 22 Jahre als Pharao regierte, wird vor diesem hervorragenden Porträt wieder lebendig. Das Gesicht ist sehr feminin, auch wenn sie den künstlichen Ritualbart der Pharaonen trägt.

Eine antike Liebesgeschichte?

Immer wieder wird auch die These aufgestellt, dass nicht Familienzwistigkeiten, sondern vielleicht ihr Verhältnis zu Senenmut ausschlaggebend gewesen sei für die Verfemung. Es scheint tatsächlich so, dass beide **eine sehr enge Beziehung** hatten. Das lässt sich daraus schießen, dass sie in manchen Darstellungen fast gleichgestellt sind und dass ihre Namen auf Denkmälern gleichzeitig genannt werden. Auch hatte Senenmut ein inniges Verhältnis zu Hatschepsuts Tochter Nofrure: Bei einigen seiner Statuen sitzt sie auf seinem Schoß, oder er trägt sie väterlich auf dem Arm.

Das Geheimnis des Senenmut

Grab 535

Vor dem Vorhof des Hatschepsut-Tempels lag der Eingang zu Senenmuts zweitem Grab.

Der mächtigste und zugleich rätselhafteste Mann jener Zeit war Senenmut, **der engste Vertraute der Königin**. Wir wissen, dass sein Vater weder Beamten- noch Priestertitel führte. Wie konnte Senenmut dann in so hohe Positionen gelangen? Seine Laufbahn soll beim Militär begonnen haben, doch wechselte er bald in den Verwaltungsdienst. Im Laufe der Zeit stieg er immer weiter auf, vor allem, nachdem er von Thutmosis II. zum **Erzieher und Vermögensverwalter** der Prinzessin Nofrure, der Tochter des Königs, und seiner Gattin Hatschepsut ernannt worden war. Nun hatte er engsten Kontakt zum Königshof. Nach Hatschepsuts Inthronisierung bekleidete er die allerhöchsten Ämter: Vorsteher des Schatzhauses und der königlichen Wirtschaftsbetriebe, Aufseher aller Bauten des Königs und Vorsteher des Amun-Tempels. Nur den Titel eines Baumeisters trug er nicht, doch sind viele Bauten unter seiner Aufsicht und wohl auch nach seinen Ideen entstanden. Das Geheimnis seines glanzvollen Aufstiegs war sicher nicht nur sein Vertrauensverhältnis zu Hatschepsut, sondern war vor allem durch **seine außergewöhnlichen Fähigkeiten** begründet.

Mehr als ein Totentempel

Es war wahrscheinlich Senenmut, der den Tempel der Hatschepsut entworfen hatte. Seine **Hauptkultstätte** war Amun geweiht, außerdem gab es Kapellen für Hathor und Anubis und Räume, in denen Hatschepsuts Vater Thutmosis I. verehrt wurde. In Reliefs ließ Hatschepsut auch ihre Erwählung zum Pharao durch Amun schildern; damit hatte ihre Macht göttlichen Ursprung. Außergewöhnlich ist auch, dass sich Senenmut hier an mehr als 60 versteckten Stellen darstellen ließ.

Ein noch ungelöstes Rätsel

Senenmut besaß zwei Gräber: eines im Felsen westlich des Hatschepsut-Tempels, im Gebiet von Schech Abd el-Qurna, das zweite im Osten, direkt beim Tempel. In welchem Grab er tatsächlich beigesetzt wurde, wird ein Rätsel bleiben. **Das Felsgrab** hatte einen zweistufigen Vorhof, seine Innenräume waren farbig ausgemalt, und es enthielt einen zerstörten Quarzit-Sarkophag. Das andere Grab beginnt in einer Senke; von dort führt ein langer, in den Felsen gehauener Gang bis unter den Vorhof des Tempels. **Die Sargkammer** ist nicht vollendet, von drei kleinen Vorkammern ist nur die erste dekoriert. An der Westwand befindet sich eine Scheintür mit der Darstellung des betenden Senenmut. Ein anderes Bild zeigt ihn im „Gefilde der Seligen", eine Illustration zum Totenbuch.

Eine Überraschung bietet aber vor allem der Blick zur **Decke**: Sie ist mit einer astronomischen Darstellung bemalt, der ersten bekannten **astronomischen Himmelsdarstellung Ägyptens** überhaupt. Senenmuts außerordentlicher Rang wird besonders deutlich, wenn man die Inschrift liest, die diesen Himmel in zwei Hälften teilt. In einem Lobpreis an Hatschepsut nennt er sich in einem Atemzug mit seiner Königin, er fühlte sich ihr offenbar gleichgestellt.

Deir el-Bahari
Die Fassade des Terrassentempels, den Senenmut für Königin Hatschepsut im Talkessel von Deir el-Bahari errichtete. Linke Seite: Eine Würfelstatue Senenmuts aus Granodiorit, die ihn mit Prinzessin Nofrure, der Tochter der Königin, zeigt; sie war einst im Tempel von Karnak aufgestellt.

Die Konstellation der Pyramiden

Außer im Grab des Senenmut gibt es **astronomische Himmelsdarstellungen** nur in königlichen Gräbern. Diese Tatsache hat dazu geführt, dass zahlreiche Geheimnisse in die Decke hineingedeutet wurden.

Die Decke ist 3 mal 3,6 Meter groß und in zwei Partien unterteilt: In der unteren ist der ägyptische Mondkalender zu sehen sowie Sternbilder der nördlichen Hemisphäre, in der oberen der Himmel der südlichen Hemisphäre. Hier sieht man Dekansterne und Sternbilder wie Orion und Sirius (ägyptisch Sopdet). Außerdem finden sich Planeten, teilweise als Götter, die in Barken den Himmel überqueren. Unter den Sternbildern des Nordhimmels findet sich der Große Bär. **Viele Darstellungen aber sind rätselhaft**, denn die meisten Sternbilder lassen sich nicht identifizieren.

Die **Abbildung des Orion** hat das Interesse mancher Pyramidendeuter geweckt, denn die Position der drei wichtigsten Sterne dieses Sternbildes gleicht der Lage der drei Pyramiden des Mykerinos, Chephren und Cheops. Ein Sternbild direkt daneben weist drei Sterne in ähnlicher Anordnung auf, der vierte Stern soll hier angeblich die Position des Sphinx einnehmen.

Der Himmel in einem Raum
Unten: Eine Zeichnung der astronomischen Decke im Grab des Senenmut mit dem Mondkalender unten und den Sternbildern Orion und Sirius sowie den Planeten Jupiter, Saturn, Merkur und Venus oben.

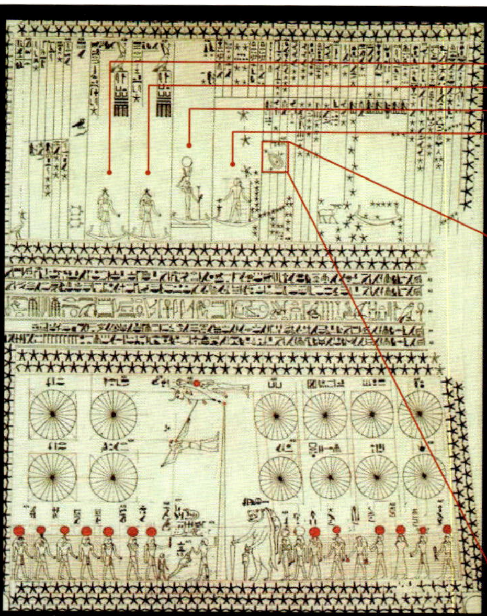

Der Ausschnitt unten zeigt ein Sternbild neben dem des Orion; die vier Sterne sollen angeblich die Position der Pyramiden von Giza und des vor ihnen liegenden Sphinx wiedergeben.

Entfernte Planeten

Aber es geht noch weiter: Um den mittleren Stern dieses Sternbildes sind drei Ellipsen gezeichnet, zu denen es **fantasievolle Spekulationen** gibt. Unter anderem sollen sie eventuell die Umlaufbahnen dreier Planeten andeuten, die um den mittleren Stern kreisen. Problematisch ist nur, wie die Ägypter diese mit bloßem Auge hätten sehen sollen. Genauso ins Reich der Fantasie gehört die Vermutung, Senenmut hätte hier das Wissen „ausgeplaudert", das die ägyptischen Priester unter absoluter Schweigepflicht über Generationen hinweg mündlich überliefert hätten.

Sicher ist nur eines: Senenmut wollte sich mit dieser Anlage ein Grab schaffen, das eines Königs würdig gewesen wäre. Seine Stellung am Hof muss also herausragend gewesen sein.

Das Sternbild des Orion
Orion, ein Sohn des Meergottes Poseidon, ist nach der griechischen Mythologie ein Himmelsjäger. Für die Ägypter, die ihn als Mann mit zurückgewendetem Kopf darstellten, war er der Sternenfürst an der Spitze der Sterne.

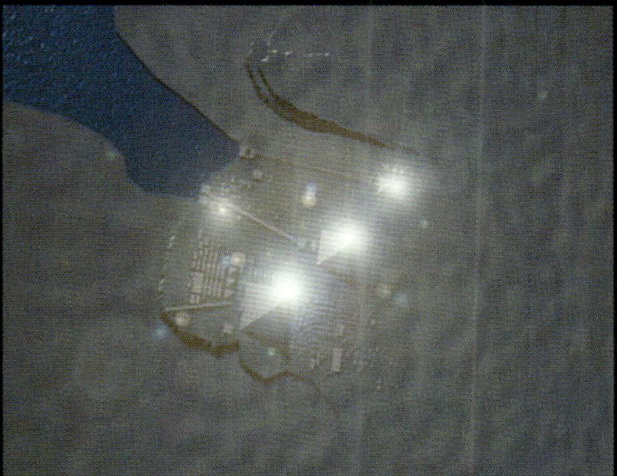

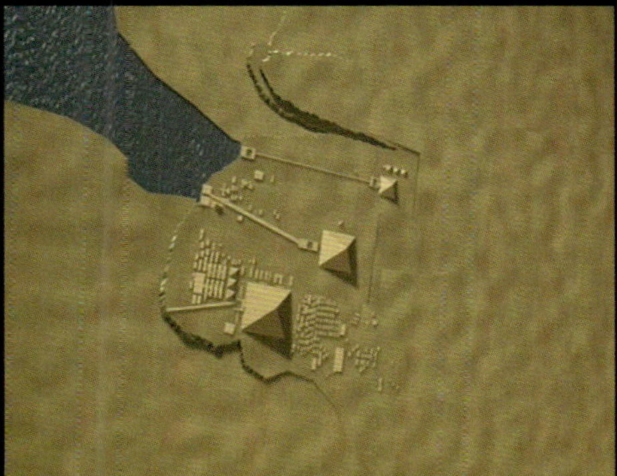

Orion und die Pyramiden

Der Franzose Robert Bauval vertritt die These, dass die großen Pyramiden von Giza nach der Konstellation der drei **Gürtelsterne des Orion** ausgerichtet seien.
Diese Theorie hat in der Öffentlichkeit große Beachtung gefunden, es gibt jedoch auch viele Gründe, die gegen sie sprechen. Hätten die Könige tatsächlich so etwas geplant, warum verließ dann schon Djedefre, der Nachfolger des Cheops, das Plateau von Giza und errichtete seine Pyramide acht Kilometer weiter nördlich in Abu Roasch?
Die Anlage der Pyramiden lässt sich ganz einfach pragmatisch erklären: die Beschaffenheit des Geländes (felsiger Untergrund war für ihr enormes Gewicht nötig) und die Tatsache, dass keine den anderen ihren freien Blick auf den Nordhimmel verstellen durfte, unter dessen Sterne sich der verstorbene Pharao mischen wollte.

Drei strahlende Sterne
Die drei Pyramiden von Giza unter dem spektakulären Nachthimmel der Wüste. Ihre Faszination und ihr Ruhm werden, wie die Sterne, bis ans Ende der Zeiten erstrahlen.

Wir haben die Geschichte des alten Ägypten erzählt und dabei auch solche Geheimnisse und Rätsel nicht ausgelassen, an die noch immer viele glauben wollen, die sich aber niemals beweisen lassen. In diesem dritten Teil wollen wir nun die neuesten Untersuchungen vorstellen, die in den letzten Jahren auf dem Giza-Plateau im Umfeld der Pyramiden durchgeführt wurden – und den Mann, der die Arbeiten leitet.

Die Geschichte

Das Geheimnis

Die Reise

Die Reise

„Alle Menschen fürchten die Zeit.
Die Zeit aber fürchtet die Pyramiden."

ARABISCHES SPRICHWORT

Blitze in der Wüste

Ägypten ist ein Land, das viele Menschen in seinen Bann zieht. Dieses Land mit seiner jahrtausendealten Kultur weckt Begeisterung bei fast allen Besuchern, die zum erstenmal den Fuß auf seinen Boden setzen. Eine **Begeisterung**, die nicht so schnell wieder nachlässt. Und der erste Besuch weckt meist den Wunsch, immer wieder dorthin zurückzukehren. Aus der großen Schar der Ägyptenliebhaber können sich die meisten noch genau an den Augenblick erinnern, als der Funke übersprang.

Bei den einen war es die erste Begegnung mit den **gastfreundlichen Einwohnern** des Landes und ihrer großen Herzlichkeit. Bei den anderen war es der erhabene Anblick der Tempel oder der Gräber im Tal der Könige. Bei den meisten aber ist es wohl der erste **Besuch bei den großen Pyramiden**, der sich unauslöschlich ins Gedächtnis eingräbt.

Blitze über Giza

Die Pyramide des Chephren unter bleigrauem Gewitterhimmel, plötzlich angestrahlt durch einen grellen Blitz. Naturgewalten über der Macht der Geschichte.

Naturgewalten

Wer jemals ein Gewitter in Ägypten erlebt hat, wird dieses Ereignis nicht so schnell vergessen. Denn im Gegensatz zu Regenschauern sind Blitz und Donner auch heute noch ein überaus seltenes Spektakel. Meist brauen sich die Wolken in kürzester Zeit zusammen, Sturmböen peitschen Sand und Staub vor sich her, und bald entladen sich Blitze in schneller Folge mit ungeheurer Kraft. So konnte es auch der Fotograf in diesem Bild festhalten: Ein starkes Gewitter tobte für einige Minuten über dem Giza-Plateau. Blitze erhellten die Pyramiden und ließen sie noch majestätischer erscheinen – allen Unwettern zum Trotz und die Zeit nicht fürchtend, wie schon das altarabische Sprichwort über sie sagte, so stehen sie ungerührt und zeitlos, als stille Monumente **früher menschlicher Größe**.

Der Hüter der Pyramiden

Für das Fernsehpublikum weltweit ist **Zahi Hawass** ein Begriff, ja fast schon ein guter Bekannter. Der ägyptische Archäologe, **Generalsekretär der Obersten Antikenbehörde** (Supreme Council of Antiquities) und **Direktor der Ausgrabungen auf dem Giza-Plateau**, wird häufig konsultiert, wenn es darum geht, neue Entdeckungen oder auch obskure Thesen über die Geschichte Ägyptens zu kommentieren.

Von den sogenannten alternativen (oder vielmehr esoterischen) Theorien, die Autoren wie Robert Bauval, Graham Hancock und Antony West in ihren zahlreichen Büchern über die angeblichen Geheimnisse der Pyramiden aufgestellt haben, hält er überhaupt nichts; sie verstellen seiner Meinung nach nur den Blick auf die Tatsachen und sind geradezu **„gefährlich verdummend"**. Und er muss es wissen – ist er doch seit über drei Jahrzehnten mit Ausgrabungen auf dem Giza-Plateau beschäftigt. Er sorgte nicht nur für die Restaurierung des von Umwelteinflüssen stark in Mitleidenschaft gezogenen großen Sphinx - es gelang ihm sogar auch, die **Gräberstadt der Pyramidenbauer** zu entdecken. Hier wurden bislang mehr als 640 Gräber entdeckt, die ältesten aus der Zeit des Cheops, die jüngsten aus der frühen 5. Dynastie. Auch die zugehörige Siedlung ist bekannt. Sie befindet sich ganz in der Nähe und wird seit Jahren von amerikanischen Archäologen freigelegt.

Offene Geheimnisse

Seit vielen Jahren ist Zahi Hawass auch bemüht, alle wichtigen neuen Entdeckungen in Ägypten möglichst schnell **der Weltöffentlichkeit bekannt zu machen**. So berichtet er auf seiner persönlichen Homepage nicht nur laufend über seine eigenen Ausgrabungen, sondern auch über die seiner in- und ausländischen **Kollegen. Denn er ist fest davon überzeugt, dass die Kenntnis wahrer Fakten** auch die Anhänger esoterischer Theorien schließlich davon überzeugen wird, dass die Ägyptologen die meisten Rätsel der altägyptischen Geschichte schon längst gelöst haben. So ist auch der Fund der Arbeitergräber ein weiterer Beweis dafür, dass die Pyramiden von Giza in der Zeit der 4. Dynastie errichtet wurden – falls dafür überhaupt noch weitere Beweise nötig sind.

Das Tal der goldenen Mumien

Giza ist nicht der einzige Ort, an dem der viel beschäftigte Archäologe arbeitet. Vor zehn Jahren, 1999, machte er Schlagzeilen mit einer spektakulären Entdeckung: dem **Tal der goldenen Mumien** in der **Oase Baharija**, weit ab vom Niltal in der westlichen Wüste. Die ersten Mumien waren schon drei Jahre früher entdeckt worden, doch hatte man diesen Fund aus **Furcht vor Grabräubern** anfangs noch nicht veröffentlicht.

Die Gräber stammen allesamt aus der **griechisch-römischen Epoche**. Das größte bestand aus zwei Räumen, die über 40 Mumien enthielten. Sie lagen dicht nebeneinander, in mehreren seitlichen Wandnischen aufgebahrt. Durch den sie umgebenden Wüstensand waren fast alle sehr gut konserviert, obwohl sie ohne Sarg bestattet worden waren. Stattdessen waren sie ganz oder teilweise mit einer Stuckschicht überzogen, die anschließend mit farbigen Malereien verziert worden war. Gesicht und Hals waren mit **Blattgold** überzogen, die Augen in manchen Fällen mit weißem Alabaster und schwarzem Obsidian eingelegt. Nur eine einzige der Mumien lag in einem Sarg; er bestand aus gebranntem Ton und war ebenfalls bemalt. Da die Grabstätten auch in der Antike nicht geplündert worden waren, befanden sich noch zahlreiche Beigaben in den Gräbern: Ton- und Glasgefäße, Ketten aus Glas und Halbedelsteinen, kleine Götterfiguren und mehrere Münzen aus Bronze.

Zahi Hawass
Der Entdecker des „Tals der goldenen Mumien" neben zwei besonders typischen Exemplaren, die in der Oase Baharija gefunden wurden. Die Ausgrabungen dauerten mehrere Jahre; insgesamt enthielten die Gräber 105 gut erhaltene Mumien, von denen manche auch naturwissenschaftlich untersucht wurden.

Der Staub der Hieroglyphen

Viele archäologische Ausgrabungen
In Ägypten werden jedes Jahr weit über hundert Ausgrabungen unter der Leitung von Zahi Hawass (unten rechts) durchgeführt.

Ernst zu nehmende, seriöse Spekulationen können auch altbekannten Themen neue Seiten abgewinnen. Wie Zahi Hawass sagt, können sie „den Staub von den Hieroglyphen schütteln". Ein Beispiel dafür ist **die Entdeckung eines spätzeitlichen symbolischen Osiris-Grabes** auf dem Giza-Plateau. Der Ägyptologe wollte vor allem die kursierenden Gerüchte widerlegen, dass ein 1945 entdeckter, wassergefüllter Schacht unter dem Aufweg der Chephren-Pyramide zu geheimen Gängen führt und vielleicht sogar zu der sagenumwobenen „Halle der Aufzeichnungen".

Neue Entdeckungen

Es waren starke Pumpen nötig, um den Wasserspiegel im Schacht so weit zu senken, dass eine Untersuchung möglich war. Was sich den Archäologen darbot, übertraf ihre Erwartungen bei Weitem. Der Schacht führte in drei Etappen insgesamt fast 30 Meter in die Tiefe. Dazwischen waren Kammern in den Felsen geschlagen, von denen die oberste völlig leer war. Die mittlere jedoch hatte sechs Seitenkammern **mit Steinsarkophagen aus der 26. Dynastie**. Die unterste Kammer aber war die interessanteste: Sie war als symbolisches Osiris-Grab gestaltet, unverkennbar nach dem Vorbild des berühmten **Osireion in Abydos**, das aus der 18. Dynastie stammt und in der Antike Scharen von Pilgern anzog. Das Osireion in Giza stammt aus der Spätzeit, als die Verehrung des Gottes Osiris ihren absoluten Höhepunkt erreichte. Es enthält in der Mitte einen großen Sarkophag, um den herum ein schmaler Wasserkanal in den Boden vertieft ist. Zahi Hawass ist daher überzeugt, dass Herodot dieses Osiris-Grab meinte, wenn er berichtet, Cheops sei in einer unterirdischen Kammer auf einer Insel bestattet worden.

Die große Pyramide
Die Pyramide des Cheops ist nach wie vor die größte Attraktion Ägyptens für Touristen aus aller Welt; zu Tausenden strömen sie jeden Tag nach Giza. Das berühmte Sonnenschiff des Pharao ist in einem eigens errichteten Museum direkt vor der Pyramide ausgestellt.

Ein überwältigendes Erlebnis

Bereits seit vielen Jahrzehnten ist es verboten, auf die Cheops-Pyramide zu klettern. Früher war es fast schon ein „Muss" für jeden Ägyptenbesucher; historische Fotos oder Reiseskizzen zeigen ganze Schwärme von Touristen, die mithilfe von ägyptischen Führern dabei sind, dieses gewaltige Bauwerk zu erklimmen. Ganz leicht ist das nicht, sind doch die einzelnen Steinblöcke – und damit die Stufen – oft einen Meter hoch. Doch seit Umwelteinflüsse dem Kalkstein zu schaffen machen, ist das Besteigen aus Sicherheitsgründen streng verboten. Nur in ganz seltenen Fällen wird eine Ausnahme gemacht, für Archäologen etwa, die den Pyramidenfriedhof erforschen. Oder auch für Filmteams, die eine Dokumentation über die Pyramiden drehen.

Der Aufstieg
Der Weg hinauf über die großen und porösen Steinblöcke ist nicht einfach; auf der Spitze angekommen, wird die Mühe aber durch eine grandiose Aussicht belohnt.

Auf der Spitze der Pyramide

Eigentlich sollte man eher von einer Plattform als von einer Spitze sprechen, denn **die obersten Steinlagen der Pyramide** sind schon lange dem Steinraub zum Opfer gefallen. Wie viele Besucher im Lauf der Jahrhunderte den Blick von dort oben genossen haben, lässt sich erahnen, wenn man die vielen in den Stein geritzten Namen sieht.

Und dieser Blick ist wahrhaft ein Erlebnis! Neben der Aussicht auf die beiden anderen Pyramiden von Giza kann man bei klarer Luft bis zu den kleineren von Abusir und Saqqara sehen. Und auch die Bezeichnung des Friedhofs zu Füßen der Pyramide als **Totenstadt** wird plötzlich klar. Was unten wie ein großes Durcheinander wirkt, bekommt von oben eine ganz regelmäßige Struktur. Die großen **Mastaba-Gräber** wirken wie an Straßen aufgereihte Häuser einer Reihenhaussiedlung.

Zum Abschied

Dieser letzte Blick auf das Giza-Plateau bei Nacht ist als Abschied von Ägypten gedacht – oder nur als vorläufiger Abschied? Denn möglicherweise hat dieses Buch bei dem einen oder anderen den Wunsch geweckt, selbst in das Land am Nil zu reisen und seine wunderbaren Denkmäler vor Ort zu bestaunen. Für jeden, der das vorhat, hier ein ganz wichtiger Rat: Nehmen Sie sich ausreichend Zeit, um wirklich in diese außerordentliche Kultur eintauchen zu können.

Magie der Nacht
Nach Sonnenuntergang werden die jahrtausendealten Monumente auf dem Giza-Plateau von gut platzierten Scheinwerfern angestrahlt – ein seltsam faszinierender Eindruck.